SELBST GEMACHT

Süße Tartes

Mélanie Martin

SELBST GEMACHT

Süße Tartes

Fotos: Philippe Vaurès-Santamaria
Foodstyling: Garlone Bardel

DK

SELBST GEMACHT

INHALT

EINFÜHRUNG

Eine Obsttarte mit frischen Beeren ist das perfekte Dessert für ein Picknick an einem heißen Sommertag und schmeckt ebenso gut als krönender Abschluss des Sonntagsessens. Sie kann eine Zwischenmahlzeit für die Kinder sein oder Freunden zum Nachmittagskaffee gereicht werden. Doch auch in der kühleren Jahreszeit gibt es genügend feine Früchte, mit denen man große und kleine, runde und eckige Tartes und Tartelettes köstlich belegen kann. Sie schmecken auch ganz ohne Obst, denn die vielseitigen Teige lassen sich mit Schokolade und Pudding, Nüssen und Cremes wunderbar variieren. Die Kombinationsmöglichkeiten sind unbegrenzt. Krempeln Sie also die Ärmel hoch und werden zum Fan von süßen Tartes!

Machen Sie sich zu Beginn mit den wichtigsten Techniken vertraut, die Sie für einen perfekten selbst gemachten Mürbe- oder Blätterteig beherrschen sollten. Hier geht's ums Kneten, Ausrollen, Blind- und Vorbacken – Schritt für Schritt beschrieben und mit Fotos erläutert. Außerdem gibt es Grundrezepte für feine Cremes von Schokoladencreme über Zitronencreme bis hin zu Konditorcreme.

Mit diesem Wissen können Sie Klassiker wie Zitronentarte, Schokoladentarte und Tarte tatin zaubern oder sich an ausgefallene Kreationen wie Tarte mit Himbeeren und Yuzu-Sahne oder Tartelettes Mont Blanc wagen. Sie finden hier 75 Rezepte – von der kleinsten bis zur ganz großen Tarte – in vertrauten und neuen Geschmacksrichtungen, die garantiert Ihren Gaumen erfreuen werden! Alle Tartes lassen sich natürlich auch mit gekauftem Teig zubereiten – wenn es mal schneller gehen muss!

Jetzt müssen Sie sich nur noch entscheiden, mit welchem Rezept Sie starten. Garantiert werden Sie Freude daran finden, immer wieder andere Tartes im Laufe der Jahreszeiten zu backen und mit Familie und Freunden zu genießen.

ALLES WAS MAN BRAUCHT

ZUBEHÖR

UNENTBEHRLICH: EIN NUDELHOLZ
Dringend erforderlich zum Ausrollen jeder Art von Teig

HÜLSENFRÜCHTE ZUM BLINDBACKEN
Sie verteilen beim Blindbacken von flachen Tarteböden die Hitze gleichmäßig und sorgen für ein optimales Backergebnis. Blindbackkugeln aus Keramik oder Aluminium sind ebenfalls geeignet.

BACKFORMEN
Es eignen sich rechteckige oder runde, kleine oder große Formen – ganz nach Belieben. Wichtig ist, die Form großzügig einzufetten, bevor der Teig hineingelegt wird. Bei flexiblen Formen ist kein Einfetten notwendig. Die Formen mit herausnehmbarem Boden sind äußerst praktisch beim Herauslösen des Teigs. Die Mehrzahl der Rezepte in diesem Buch wurde in einer Form von 24 cm Durchmesser gebacken.

SPRITZBEUTEL
Er ist sehr nützlich für das Garnieren der Tartes oder auch, um hübsche Effekte zu erzielen.

KÜCHENMASCHINE
Um Zeit zu sparen, können süße oder salzige Mürbeteige auch mit der Küchenmaschine zubereitet werden. Dabei muss nur darauf geachtet werden, dass der Teig nicht zu kräftig geknetet wird. Alle Zutaten kommen gleichzeitig in die Rührschüssel, das Ei wird zuletzt hinzugefügt.

UNENTBEHRLICHE ZUTATEN

IM VORRATSSCHRANK

Mehl, gemahlene Mandeln und Haselnüsse, Zucker, Vanillezucker, Vanilleschoten, Mandel- oder Kaffee-Extrakt, Puderzucker, Meersalz, Schokolade, Maisstärke, Gewürze, ungesüßtes Kakaopulver, Maronencreme, Pistazien, Trockenhefe, Honig, Preiselbeeren und Kirschen in Gläsern, Gelatine, Kekse, Marmelade, Kokosmilch, Kondensmilch ...

IM KÜHLSCHRANK

Butter, frische Eier, frische Hefe, Sahne und Crème fraîche, Milch, Mascarpone, Kräuter, Ricotta, Frischkäse, kälteunempfindliches Obst (im Gemüsefach), Filo- oder Brickteig ...

IM GEFRIERSCHRANK

Verschiedene Tiefkühlprodukte: Heidelbeeren, Himbeeren, Brombeeren, Rhabarber, Mürbe- oder Blätterteig, Eis oder Sorbet ... Unverzichtbar zur Zeitersparnis oder für Überraschungsgäste.

SELBST GEMACHT

GRUND-REZEPTE

Aufbewahrung des Teiges

Ein selbst gemachter Teig ist absolut nicht mit einem Fertigteig zu vergleichen! Nur die Vorbereitungszeit spricht für das gekaufte Produkt. Es empfiehlt sich daher, den Teig in großen Mengen im Voraus zuzubereiten, um immer welchen auf Vorrat zu haben. Hierfür die Zutaten mal drei oder mal vier nehmen, den fertigen Teig dann in Einzelportionen teilen, in Frischhaltefolie wickeln und in der Tiefkühltruhe aufbewahren. Der Teig hält problemlos 4–6 Monate. Bei Bedarf einfach am Vorabend im Kühlschrank auftauen lassen. In Frischhaltefolie eingewickelt kann der Teig auch im Kühlschrank aufbewahrt werden, allerdings hält er sich hier höchstens 2 oder 3 Tage.

Teig ausrollen

Wichtig ist eine saubere, trockene und leicht mit Mehl bestäubte Arbeitsfläche. Das Nudelholz ebenfalls mit Mehl bestäuben und den Teig 3 mm dick ausrollen – dazu in der Mitte beginnen und mit leichten, gleichmäßigen Bewegungen eine ganze Walzenumdrehung ausrollen. Nach jeder Umdrehung des Nudelholzes die Teigscheibe um ein Viertel drehen und die Arbeitsfläche regelmäßig wieder mit Mehl bestäuben. Der Durchmesser der Teigscheibe sollte größer als die Spring- oder Tarteform sein. Mit Ausstechformen oder mithilfe eines Gefäßes (Tasse, Schüssel ...) können kleinere Formen ausgestochen werden, die sich dann leicht mit einem Messer vom umgebenden Teig abtrennen lassen.

Für die Tartelettes

Den Teig in sechs Kreise schneiden (der Durchmesser sollte größer sein als die Formen), mehrfach mit einer Gabel einstechen und dann in mit Butter eingefettete Backformen legen. 30 Minuten in den Kühlschrank stellen. Die Tartelettböden blind- oder vorbacken (siehe S. 14–15).

Vorbereiten der Backform

Der entscheidende Schritt für ein einfaches Herauslösen des Teiges aus der Backform ist das sorgfältige Einfetten der Form. Dazu entweder ein wenig Butter zerlassen und mit einem Pinsel sorgfältig verteilen, oder ein walnussgroßes Stück Butter auf ein Blatt saugfähiges Küchenpapier geben und die Form damit bis in alle Ecken einreiben. Den oberen Rand nicht vergessen, hier klebt der Teig leicht fest.

Teig aromatisieren

Verschiedene Zutaten verleihen sowohl salzigem oder süßem Mürbeteig als auch Blätterteig ganz unterschiedliche Aromen.

Blätterteig mit Orangenblüten
120 ml Wasser durch Orangenblütenwasser ersetzen.

Blätterteig mit Schokolade
30 g Mehl durch 30 g ungesüßtes Kakaopulver ersetzen.

Süßer Mürbeteig mit Zitrone
Die abgeriebene Schale einer Bio-Zitrone hinzufügen.

Süßer Mürbeteig mit Nuss
25 g gemahlene Mandeln durch 25 g gemahlene Haselnüsse ersetzen

Salziger Mürbeteig mit Olivenöl
Wasser durch 2 TL Olivenöl ersetzen.

Salziger Mürbeteig mit Vanille
Dem geschlagenen Ei das Mark einer Vanilleschote hinzufügen.

Blindbacken

Beim Blindbacken handelt es sich um ein erstes Backen, das die Knusprigkeit des Teigs erhält und somit verhindert, dass der Teig bei einer flüssigen Füllung oder einem Fruchtbelag durchweicht. Die meisten Rezepte in diesem Buch erfordern diesen Schritt vor dem eigentlichen Backvorgang.

Zunächst den Teig ausrollen (siehe S. 12) und mit einer Gabel mehrfach einstechen, damit sich während des Backens keine Luftbläschen bilden. Überschüssiges Mehl entfernen, den Teig auf das Nudelholz aufrollen und umgekehrt in die Backform hinein abrollen. Den Teig zuerst am Boden und dann an den Rändern andrücken (dabei weder zu stark angedrücken noch dehnen). Um überstehenden Teig abzuschneiden, entweder mit dem Nudelholz zwei- oder dreimal am Rand der Backform entlangrollen oder ein Messer verwenden. Die Backform 30 Minuten in den Kühlschrank stellen, damit der Teig am Rand nicht einsinkt.

Den Backofen auf die im Rezept angegebene Temperatur vorheizen (meistens 180 °C, manche Teige verlangen eine höhere Backtemperatur). Einen Bogen Backpapier etwas größer als die Form zuschneiden, zerknittern, damit er nicht mehr zusammenrollt, und den Tarteboden damit auskleiden. Mit Hülsenfrüchten, Blindbackkugeln oder Reis beschweren, um zu verhindern, dass sich der Teig aufbläht. Die Hülsenfrüchte dabei auf der ganzen Oberfläche verteilen, aber auch in der Höhe bis zum Rand der Form. Dann den Tarteboden in die Mitte des Backofens schieben und so lange backen, wie im Rezept angegeben ist. Den blindgebackenen Tarteboden belegen, sobald er gut abgekühlt ist.

Für eine große Tarte
Rechnen Sie 15 Minuten Backzeit mit Hülsenfrüchten + 5 Minuten Backzeit ohne Hülsenfrüchte. 5 Minuten vor Ende der Backzeit den Blindteig mit Eiweiß bepinseln, wenn im Rezept angegeben.

Für Tartelettes
Rechnen Sie 10 Minuten Backzeit mit Hülsenfrüchten + 5 Minuten Backzeit ohne Hülsenfrüchte. 5 Minuten vor Ende der Backzeit den Blindteig mit Eiweiß bepinseln, wenn im Rezept angegeben.

Vorbacken

Das Vorbacken wird bei Teigen eingesetzt, deren Belag nicht im Ofen gebacken werden darf. Das ist bei bestimmten Früchten (wie Erdbeeren, Himbeeren, Weintrauben ...) oder Mischungen wie z. B. der Zitronencreme der Fall. Deshalb wird der Boden separat gebacken und in einem zweiten Schritt mit den Früchten belegt.

Den Ofen auf die im Rezept angegebene Temperatur vorheizen (180 °C für die meisten Tartes, manche Teige erfordern aber eine höhere Backtemperatur). Der Ablauf ist der gleiche wie beim Blindbacken. So muss der Teig ausgerollt, mit der Gabel eingestochen, in die Backform eingelegt, mit Backpapier bedeckt und mit Hülsenfrüchten beschwert werden, bevor er bei der angegebenen Temperatur in den Ofen geschoben wird. Den fertig gebackenen Teigboden belegen, wenn er gut abgekühlt ist.

Für eine große Tarte
Rechnen Sie 15 Minuten Backzeit mit Hülsenfrüchten + 13 Minuten Backzeit ohne Hülsenfrüchte. 5 Minuten vor Ende der Backzeit den Vorteig mit Eiweiß bepinseln, wenn im Rezept angegeben.

Für Tartelettes
Rechnen Sie 10 Minuten Backzeit mit Hülsenfrüchten + 10 Minuten Backzeit ohne. 5 Minuten vor Ende der Backzeit den Vorteig mit Eiweiß bepinseln, wenn im Rezept angegeben.

Einige Tipps

- Wenn die Tarte während des Backens zu schnell bräunt, mit Backpapier abdecken.
- Da jeder Backofen (Gas, Elektro ...) etwas anders heizt, können die angegebenen Backtemperaturen differieren und müssen dann angepasst werden.
- Tartes, die lauwarm serviert werden, können im Ofen bei 120 °C 10–15 Minuten wieder erwärmt werden.
- Die Tarte vor dem Herauslösen aus der Form ein paar Minuten abkühlen lassen: wenn sie zu heiß ist, besteht die Gefahr, dass sie zerbricht.
- Wenn der Teig in der Backform festklebt, mit Butter bestreichen (siehe S. 13) und mit einer feinen Schicht Mehl bestäuben. In den Kühlschrank stellen, bis die Butter hart ist.

SCHRITT FÜR SCHRITT

SALZIGER MÜRBETEIG

Für **1** Tarte oder **6** Tartelettes

250 g Mehl (Type 405) + 20 g für die Arbeitsfläche • 120 g Butter • 1 Eigelb • Salz

Außerdem
Frischhaltefolie • Nudelholz • Hülsenfrüchte zum Blindbacken

1 Das Mehl mit 1 Prise Salz vermischen und auf die Arbeitsfläche sieben. Die in kleine Würfel geschnittene Butter dazugeben. Die Zutaten vorsichtig mit den Fingerspitzen verreiben, ohne die Butter zum Schmelzen zu bringen, bis eine krümelige Mischung entsteht.

2 In der Mitte eine Mulde bilden und das leicht mit der Gabel geschlagene Eigelb und 2 EL kaltes Wasser hineingeben. Die Mehl-Butter-Mischung nach und nach vom Rand der Mulde aus hinzufügen.

3 Mit den Händen rasch zu einem geschmeidigen Teig verarbeiten, ohne zu stark zu kneten. (Der Teig kann auch in der Küchenmaschine hergestellt werden).

4 Eine Teigkugel formen, mit der Handfläche glätten, leicht mit Mehl bestäuben und in Frischhaltefolie wickeln. Den Teig mindestens 1 Stunde in den Kühlschrank legen.

5 Die Arbeitsfläche leicht mit Mehl bestäuben, den Teig ausrollen und mehrfach mit einer Gabel einstechen.

6 Die Backform großzügig mit weicher Butter einfetten, den Teig hineinlegen (die perforierte Seite nach unten) und an Boden und Rand andrücken.

7 Überschüssigen Teig abschneiden. Die Backform 30 Minuten in den Kühlschrank stellen.

8 Je nach Rezept: Den Teig bis an den Rand mit Backpapier bedecken und mit Hülsenfrüchten, Blindbackkugeln oder Reis beschweren. Den Tarteboden blindbacken (siehe S. 14), abkühlen lassen, die Hülsenfrüche entfernen und den Teig belegen.

BLÄTTERTEIG

Für **1** Tarte oder **6** Tartelettes

250 g Mehl (Type 405 oder 550) + 20 g für die Arbeitsfläche • 185 g Butter • 1 TL Salz

Außerdem
Frischhaltefolie • Nudelholz

1 Das Mehl auf die Arbeitsfläche sieben und in der Mitte eine Mulde bilden. 120 ml Wasser und das Salz hineingeben. Das Mehl nach und nach vom Rand der Mulde aus hinzufügen.

2 Mit den Händen rasch zu einem geschmeidigen Teig verarbeiten, ohne zu stark zu kneten. Je nach Mehlmenge ist es eventuell notwendig, noch ein wenig Wasser zuzugeben.

3 Eine Teigkugel formen, leicht mit Mehl bestäuben und an der Oberfläche etwa 2 cm tief kreuzweise einschneiden.

4 Den Teig in Frischhaltefolie wickeln und 30 Minuten in den Kühlschrank legen.

5 Die Butter zwischen zwei Bogen Backpapier mit einem Nudelholz zu einem 1 cm dicken Rechteck ausrollen und sofort wieder kühl stellen.

6 Die Arbeitsfläche mit Mehl bestäuben. Den Teig zu einem Rechteck ausrollen und das Butterrechteck diagonal in die Mitte legen. Die Teigränder wie bei einem Umschlag über die Butter falten.

7 Das Nudelholz mit Mehl bestäuben und den Teig zu einem 1 cm dicken Rechteck ausrollen, das dreimal so lang wie breit ist.

8 Den Teig von der schmäleren Seite her in Form eines Briefkuverts zweimal einschlagen, um ein Viertel drehen und noch einmal der Länge nach ausrollen. Den Teig wieder zweimal einschlagen, damit er in drei Schichten übereinander liegt, dann 1 Stunde in den Kühlschrank legen. Diesen Vorgang noch zweimal wiederholen.

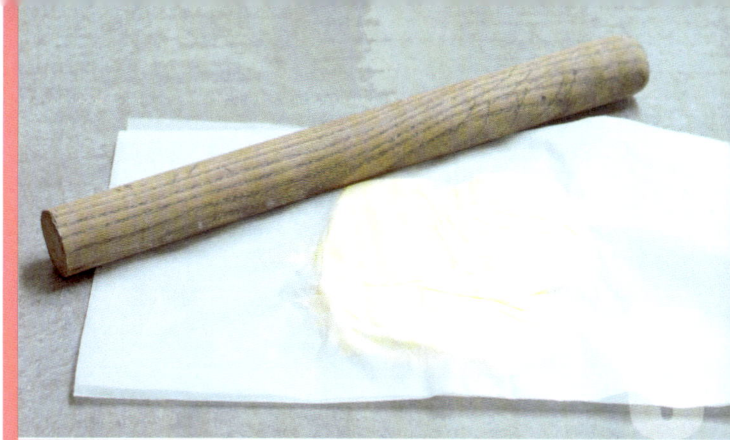

SÜSSER MÜRBETEIG

Für **1** Tarte oder **6** Tartelettes

200 g Mehl (Type 405) + 20 g für die Arbeitsfläche • 90 g Puderzucker • 25 g gemahlene Mandeln • 100 g Butter • 1 Ei • Salz

Außerdem
Frischhaltefolie • Nudelholz • Hülsenfrüchte zum Blindbacken

1 Mehl, Puderzucker und Mandeln vermischen und auf die Arbeitsfläche sieben. Die in kleine Würfel geschnittene Butter dazugeben. Die Zutaten vorsichtig mit den Fingerspitzen verreiben, ohne die Butter zum Schmelzen zu bringen, bis eine krümelige Mischung entsteht.

2 Eine Mulde bilden und 1 Prise Salz sowie das leicht mit einer Gabel geschlagene Ei hinzugeben. Die Mehlmischung nach und nach vom Rand der Mulde aus hinzufügen.

3 Mit den Händen rasch zu einem geschmeidigen Teig verarbeiten, ohne zu stark zu kneten. (Der Teig kann auch in der Küchenmaschine hergestellt werden).

4 Eine Teigkugel formen, mit der Handfläche glätten, leicht mit Mehl bestäuben und in Frischhaltefolie wickeln. Den Teig mindestens 1 Stunde in den Kühlschrank legen.

5 Die Arbeitsfläche leicht mit Mehl bestäuben, den Teig ausrollen und mehrfach mit einer Gabel einstechen.

6 Die Backform großzügig mit weicher Butter einfetten, den Teig hineinlegen (die perforierte Seite nach unten) und an Boden und Rand andrücken.

7 Überschüssigen Teig abschneiden. Die Backform 30 Minuten in den Kühlschrank stellen.

8 Je nach Rezept: Den Teig bis an den Rand mit Backpapier bedecken und mit Hülsenfrüchten, Blindbackkugeln oder Reis beschweren. Den Tarteboden blindbacken (siehe S. 14), abkühlen lassen, die Hülsenfrüchte entfernen und den Teig belegen.

SCHOKOLADEN-CREME

50 ml fettarme Milch • 50 g Sahne • 100 g Bitterschokolade (70 % Kakaoanteil)

Außerdem
Schneebesen • Frischhaltefolie

1 Die Milch mit der Sahne erhitzen. Sobald die Flüssigkeit kocht, den Herd ausschalten.

2 Die Schokolade mit einem schweren Messer auf dem Schneidbrett klein hacken und in eine Schüssel geben.

3 Die Milch-Sahne-Mischung über die Schokolade gießen. Ein paar Sekunden warten und dann mit dem Schneebesen von der Mitte hin zu den Rändern der Schüssel alles vermischen.

4 Die Schokoladencreme sofort verbrauchen oder in eine Schüssel umfüllen und mit Frischhaltefolie bedecken.

ZITRONENCREME

3 Bio-Zitronen • 4 Eier • 100 g Puderzucker •
40 g weiche Butter

Außerdem
Küchenreibe • Schneebesen

1 Die Zitronen waschen und trocken reiben. Von 2 Zitronen die Schale abreiben. Aus allen 3 Zitronen etwa 120 ml Saft auspressen.

2 Die Eier mit dem Puderzucker in einem Topf schaumig schlagen, dann die Zitronenschale und den -saft dazugeben.

3 Alles gut vermischen und unter ständigem Rühren etwa 6 Minuten bei mittlerer Hitze köcheln lassen, bis die Mischung eindickt.

4 Sobald die Creme die Konsistenz einer Mayonnaise hat, die Temperatur reduzieren. Die Butter in Würfel schneiden und in die Creme einrühren. Den Topf in ein kaltes Wasserbad stellen, um die Zitronencreme abkühlen zu lassen.

TIPP:
Sobald die Zitronencreme abgekühlt ist, kann sie in einem fest verschlossenen Glas 10 Tage im Kühlschrank aufbewahrt werden.

ENGLISCHE CREME

300 ml Milch • ½ Vanilleschote • 3 Eigelb • 50 g Zucker

Außerdem
Schneebesen • Holzlöffel • Sieb • Frischhaltefolie

1 In einem Topf die Milch erhitzen. Die Vanilleschote der Länge nach aufschneiden, in die Milch geben und diese aufkochen. Den Topf vom Herd nehmen und die Vanilleschote 15 Minuten ziehen lassen.

2 Die Vanilleschote herausnehmen und das Vanillemark mit einem kleinen Messer von der Milchoberfläche abnehmen.

3 Die Eigelbe und den Zucker in einer Schüssel so lange verquirlen, bis die Masse hell ist.

4 Die Hälfte der Vanillemilch dazugießen und dabei ständig rühren.

5 Die Mischung in den Topf mit der restlichen Vanillemilch gießen und mit einem Holzlöffel bei schwacher Hitze verrühren, bis die Creme andickt. Zum Prüfen der Konsistenz einen Löffel eintauchen und mit dem Finger darüberfahren: die Spur muss deutlich sichtbar sein.

6 Die Creme durch ein Sieb streichen und abkühlen lassen. Dabei regelmäßig umrühren. Mit Frischhaltefolie abdecken und in den Kühlschrank stellen. Die Creme sollte innerhalb von 24 Stunden verbraucht werden.

KONDITORCREME

250 ml Milch • ½ Vanilleschote • 2 Eigelb • 50 g Zucker • 20 g Maisstärke

Außerdem
Schneebesen • Frischhaltefolie

1 Die Milch in einem Topf erhitzen. Die Vanilleschote der Länge nach aufschneiden, in die Milch geben und diese aufkochen. Den Topf vom Herd nehmen und die Vanilleschote 15 Minuten ziehen lassen.

2 Die Vanilleschote herausnehmen und das Vanillemark mit einem kleinen Messer von der Milchoberfläche abnehmen.

3 Eigelbe, Zucker und Maisstärke in einer Schüssel verrühren.

4 Die Hälfte der Vanillemilch dazugießen und dabei ständig rühren.

5 Die Mischung in den Topf mit der restlichen Vanillemilch geben und bei schwacher Hitze verrühren, bis die Creme andickt.

6 Die Creme mit Frischhaltefolie abdecken und kalt stellen.

TIPP:
Die Konditorcreme kann mit Orangenblüten- oder Rosenwasser, ungesüßtem Kakaopulver, Kaffeepulver, Krokant oder grünem Tee aromatisiert werden.

MANDELCREME

100 g weiche Butter • 100 g Zucker • 2 Eier • 100 g gemahlene Mandeln

Außerdem
Holzlöffel • Schneebesen

1 Die Butter in einer Schüssel mit dem Holzlöffel schaumig rühren.

2 Den Zucker hinzufügen und mit dem Schneebesen gut verrühren.

3 Die Eier nacheinander hinzufügen und jedes Mal kräftig verrühren, bis die Mischung schaumig wird.

4 Die Mandeln zugeben und gut verrühren, bis eine glatte Creme entstanden ist.

TIPP:
Die Mandelcreme kann am Vortag zubereitet werden und mit Frischhaltefolie abgedeckt im Kühlschrank aufbewahrt werden.

SÜSSE SAHNE

1 Vanilleschote • 500 g Sahne • 40 g Puderzucker

Außerdem
Handrührgerät oder Schneebesen • Siphon (falls vorhanden)

1 Alle Küchenutensilien (Schneebesen, Schüssel ...) vor der Zubereitung 30 Minuten in die Gefriertruhe geben. Die Vanilleschote mit dem Messerrücken etwas flach drücken, der Länge nach aufschneiden, das Mark herauskratzen und in einer Schüssel mit der Sahne verrühren.

2 Mit dem Handrührgerät oder dem Schneebesen die Sahne in einer großen, kreisförmigen Bewegung schlagen, um möglichst viel Luft einzuarbeiten. Langsam anfangen und dann immer schneller werden, bis die Sahne steif ist.

3 Wenn die Sahne ihr Volumen verdoppelt hat und ihre Form hält, den Puderzucker hinzufügen und einarbeiten. Die süße Sahne sofort weiterverwenden oder bis zu 24 Stunden zugedeckt im Kühlschrank aufbewahren.

4 Falls ein Siphon zur Verfügung steht, alle Zutaten einfüllen, verschließen und eine Gaspatrone einsetzen. Kräftig schütteln.

SELBST GEMACHT

OBSTTARTES FÜR DEN SOMMER

EINFACH

Für **6** Personen
Zubereitungszeit: **30** Minuten
Backzeit: **35** Minuten
Budget: €

KNUSPRIGE BLÄTTERTEIG-TARTELETTES MIT INGWER-CREME UND ERDBEEREN

1 Grundrezept Blätterteig (siehe S. 18–19) oder 1 gekaufter Blätterteig • 50 g Puderzucker

Für den kandierten Ingwer
100 g Zucker • 2 cm Ingwer

Für den Belag
250 g Erdbeeren • 50 g Puderzucker • 400 g Ziegenfrischkäse (z. B. Brousse)

Für die Garnitur
50 g Mandelstifte

1. Den Ofen auf 180 °C vorheizen. Den Teig dünn ausrollen, mit der Gabel mehrfach einstechen und mithilfe eines Glases sechs Teigkreise ausschneiden. Die Blätterteigscheiben im Ofen zwischen zwei Backblechen 8 Minuten backen. Das obere Backblech abnehmen, die Teigscheiben mit Puderzucker bestäuben und für eine goldbraune Glasur noch ein paar Minuten weiterbacken.

2. Für den kandierten Ingwer in einem Topf 100 ml Wasser mit dem Zucker verrühren und erhitzen. Den Ingwer schälen und in dünne Streifen schneiden. In die Zuckerlösung geben, 15–20 Minuten köcheln und abkühlen lassen.

3. Für den Belag die Erdbeeren waschen und die Stielansätze entfernen. 100 g Erdbeeren mit dem Puderzucker in einen Mixer geben und pürieren. Das Erdbeerpüree zum Entfernen der Kerne durch ein Sieb streichen und kalt stellen.

4. Die Mandelstifte in einer Pfanne ohne Fett rösten, bis sie goldbraun sind. Beiseitestellen. In einer Schüssel den Frischkäse glatt rühren und den abgetropften kandierten Ingwer dazugeben.

5. Die Blätterteigböden mit der Ingwercreme bestreichen, die Erdbeeren darauf verteilen und mit etwas Erdbeerpüree und gerösteten Mandelstiften garnieren.

TIPP:
Kandierten Ingwer gibt es auch im Feinkostgeschäft oder Asienladen zu kaufen.

EINFACH

Für **6** Personen
Zubereitungszeit: **20** Minuten
Backzeit: **30** Minuten
Ruhezeit: **1** Stunde
Budget: €

LINZER RHABARBER-ERDBEER-TARTE

250 g Mehl • 125 g Zucker • 1 TL Backpulver • 100 g gemahlene Haselnüsse • gemahlener Zimt • gemahlene Nelken • 125 g Butter • 2 Eier • 1 TL Vanilleextrakt • 1 TL Zitronenaroma

Für den Belag
300 g Rhabarberkonfitüre • 250 g Erdbeeren

Außerdem
rechteckige Backform

1. Für den Teig Mehl, Zucker, Backpulver, Haselnüsse, je 1 Prise Zimt und Nelken vermischen. Die Butter in kleine Würfel schneiden und hinzugeben. Alle Zutaten sanft mit den Fingerspitzen verreiben, ohne die Butter zum Schmelzen zu bringen, bis eine krümelige Mischung entsteht.

2. In der Mitte eine Mulde bilden, die leicht schaumig geschlagenen Eier, den Vanilleextrakt und das Zitronenaroma hineingeben. Mit den Fingerspitzen vermengen und mit der Handfläche zu einem homogenen Teig verarbeiten. Nicht zu fest kneten, damit der Teig nicht zu weich wird. Die Teigkugel in Frischhaltefolie wickeln und mindestens 1 Stunde im Kühlschrank ruhen lassen.

3. Den Ofen auf 180 °C vorheizen. Den Teig aus dem Kühlschrank nehmen und ein Drittel davon beiseitelegen. Mit einem Nudelholz den übrigen Teig dünn ausrollen und in eine gefettete quadratische oder rechteckige Form geben. Mit einer Gabel mehrfach einstechen.

4. Für den Belag die Rhabarberkonfitüre glatt rühren und auf den Tarteboden streichen. Mit dem Nudelholz den restlichen Teig ausrollen und mit einem Teigrädchen in Streifen schneiden. Die Teigstreifen kreuzförmig über der Konfitüre anordnen und durch Befeuchten mit etwas Wasser am Boden der Tarte festkleben.

5. Die Tarte im Ofen 30 Minuten backen, bis sie goldbraun ist. Inzwischen die Erdbeeren waschen, die Stielansätze entfernen und größere Früchte halbieren. Die Tarte auf einem Kuchengitter abkühlen lassen und vor dem Servieren mit den Erdbeeren belegen.

EINFACH

Für **6** Personen
Zubereitungszeit: **20** Minuten
Backzeit: **25–30** Minuten
Budget: €

APFELTASCHEN MIT PREISELBEEREN

2 × Grundrezept salziger Mürbeteig (siehe S. 16–17) oder 2 gekaufte neutrale Mürbeteige • 20 g Butter • 1 EL Mehl • 1 Eigelb

Für die Füllung
3 Äpfel • 150 g Preiselbeeren • 3 EL Zucker • 40 g Butter

Außerdem
Ravioliform

1. Den Ofen auf 180 °C vorheizen. Mit dem Nudelholz den Teig in zwei Rechtecke ausrollen und kalt stellen.

2. Für die Füllung die Äpfel waschen, schälen, entkernen und in sehr kleine Würfel schneiden. In einer Schüssel mit den Preiselbeeren und dem Zucker vermischen. Die Butter würfeln.

3. Die Ravioliform einfetten, mit Mehl bestäuben und überschüssiges Mehl abklopfen. Das erste Teigrechteck auf die Ravioliform legen und den Teig in die Vertiefungen drücken. Jede Mulde mit Früchten und 1 Butterwürfel füllen. Die Teigzwischenräume mit etwas Wasser anfeuchten. Das zweite Teigrechteck auflegen und um die gefüllten Vertiefungen herum gut festdrücken.

4. Das Eigelb verquirlen und die Teigoberfläche damit einpinseln. In jede Teigtasche ein kleines Loch schneiden, damit der Dampf entweichen kann.

5. Die Teigtaschen im Ofen 25–30 Minuten backen. Warm oder kalt servieren.

TIPP:
Die Teigtaschen können auch ohne Ravioliform zubereitet werden. Dazu ein Mürbeteigrechteck ausrollen und die Füllung in regelmäßigen Abständen, etwa 3 cm, mit einem Löffel daraufgeben. Mit einem zweiten Teigrechteck abdecken und die Teigschichten gut zusammendrücken. Mit einem Messer kleine Rechtecke ausschneiden, dabei um die Füllung 1,5 cm Rand lassen.

EINFACH

Für **6** Personen
Zubereitungszeit: **20** Minuten
Backzeit: **40** Minuten
Budget: €

BLAUBEERTARTE

1 Grundrezept süßer Mürbeteig (siehe S. 20–21) oder 1 gekaufter süßer Mürbeteig • 1 Eiweiß

Für den Belag
500 g Blaubeeren (frisch oder gefroren) • 3 EL Puderzucker • 1 EL Maisstärke

Zum Servieren
6 Kugeln Mandeleis

Außerdem
große Tarteform

1. Den Backofen auf 180 °C vorheizen. Den Tarteboden vorbereiten (siehe S. 12–13) und etwa 20 Minuten blindbacken (siehe S. 14). Das Eiweiß in einer kleinen Schüssel leicht verschlagen. Damit der Teig knusprig wird, 5 Minuten vor Ende der Backzeit den Teigboden mit dem Eiweiß bepinseln.

2. Für den Belag in einer Schüssel die Blaubeeren vorsichtig mit dem Zucker und der Maisstärke vermischen. Die Fruchtmischung auf dem blindgebackenen Teig verteilen und im Backofen 20 Minuten backen. Die Tarte aus dem Ofen nehmen, abkühlen lassen und mit einer Kugel Mandeleis servieren.

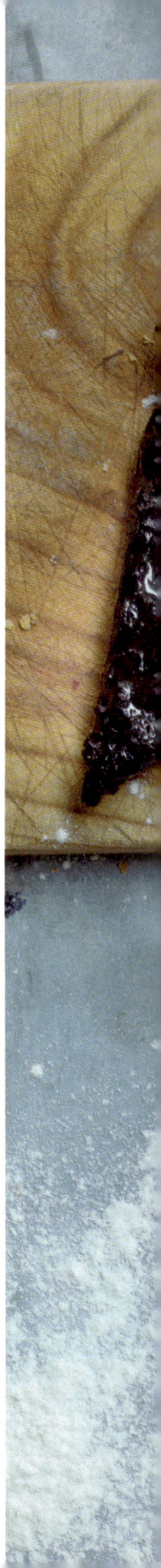

EINFACH

Für **6** Personen
Zubereitungszeit: **20** Minuten
Backzeit: **50** Minuten
Ruhezeit: **1** Stunde
Budget: €

KIRSCHTARTE

1 Grundrezept süßer Mürbeteig (siehe S. 20–21) oder 1 gekaufter süßer Mürbeteig • 1 Eiweiß

Für den Belag
1 kg reife, feste Kirschen • 100 g heller Rohrzucker • 1–2 EL Maisstärke

Außerdem
große Tarteform

1. Den Backofen auf 180 °C vorheizen. Den Tarteboden vorbereiten (siehe S. 12–13) und etwa 20 Minuten blindbacken (siehe S. 14). Das Eiweiß in einer kleinen Schüssel leicht verschlagen. Damit der Teig knusprig wird, 5 Minuten vor Ende der Backzeit den Teigboden mit dem Eiweiß bepinseln.

2. Für den Belag die Kirschen waschen, entstielen und entkernen. Mit dem Zucker in eine Schüssel geben, mischen und 1 Stunde marinieren. Den Fruchtsaft in einen Topf abgießen, die Maisstärke hinzufügen, aufkochen und verrühren. Wenn der Sirup angedickt ist, den Topf vom Herd nehmen, die Kirschen hinzugeben und gut verrühren.

3. Den blindgebackenen Tarteboden mit den Kirschen belegen und 25–30 Minuten backen. Warm oder kalt servieren.

EINFACH

Für **6** Personen
Zubereitungszeit: **15** Minuten
Backzeit: **25** Minuten
Budget: €

TARTELETTES MIT FEIGEN UND ROSMARINHONIG

6 Blätter Brick- oder Filoteig • 40 g Butter + 20 g für die Backformen

Für die Ricottacreme
250 g Ricotta • abgezogene Zesten und Saft von ½ Bio-Orange • 3 EL Rosmarinhonig

Für den Belag
6 grüne oder blaue Feigen • 3 EL Pinienkerne

Außerdem
6 kleine Tartelettesformen • Hülsenfrüchte zum Vorbacken

1. Den Ofen auf 180 °C vorheizen. Die Filoteigblätter vorsichtig ausbreiten. Die Butter in der Mikrowelle oder einem kleinen Topf bei schwacher Hitze zerlassen. Die Filoteigblätter mit der geschmolzenen Butter bestreichen und jeweils 3 aufeinanderlegen. Sechs Teigkreise ausschneiden, die groß genug sind, dass sie das Innere der Backformen bedecken. Die Formen einfetten. Die Filoteigscheiben in die Formen legen, mit Backpapier abdecken und mit Hülsenfrüchten beschweren. Die Tartelletteböden im Ofen 10–15 Minuten backen, bis sie goldbraun sind. Das Backpapier und die Hülsenfrüchte entfernen und die Tartelletteböden abkühlen lassen.

2. Für die Creme den Ricotta mit den Zesten und dem Orangensaft in einer Schüssel vermischen und den Rosmarinhonig hinzugeben.

3. Für den Belag die Feigen waschen, trocken tupfen und vierteln. Die Pinienkerne in einer Pfanne ohne Fett goldgelb rösten.

4. Jeden Tarteletteboden mit Ricottacreme bestreichen, mit Pinienkernen bestreuen und mit Feigen belegen. Warm oder kalt servieren.

EINFACH

Für **6** Personen
Zubereitungszeit: **30** Minuten
Backzeit: **40–45** Minuten
Ruhezeit: **12** Stunden
Kühlzeit: **2** Stunden
Budget: €

TARTE MIT WALDERDBEEREN UND VANILLESAHNE

1 Grundrezept süßer Mürbeteig (siehe S. 20–21) oder 1 gekaufter süßer Mürbeteig • 1 Eiweiß

Für den Erdbeersirup
70 g Erdbeeren • 1 EL Zitronensaft • 30 g Puderzucker • 1 Pimentkorn

Für die Vanillecreme
400 g Sahne • 1 Vanilleschote • 4 Eigelb • 80 g Zucker

Für den Belag
250 g Walderdbeeren

Außerdem
große Tarteform

1 Am Vortag für den Sirup die Erdbeeren waschen, die Stielansätze entfernen und die Beeren würfeln. Mit 20 ml Wasser, Zitronensaft, Puderzucker und dem leicht zerkleinerten Piment in einen kleinen Topf geben. Unter Rühren bei mittlerer Hitze erwärmen, bis die Mischung zu kochen beginnt, der Zucker muss sich auflösen. Bei schwacher Hitze 5 Minuten weiterkochen. Alles in eine Schüssel geben und mit Frischhaltefolie abdecken. Abkühlen lassen und über Nacht in den Kühlschrank stellen. Am nächsten Tag den Sirup durch ein Sieb streichen, dabei die Erdbeeren leicht zerdrücken.

2 Den Backofen auf 180 °C vorheizen. Den Tarteboden vorbereiten (siehe S. 12–13) und etwa 20 Minuten blindbacken (siehe S. 14). Das Eiweiß in einer kleinen Schüssel leicht verschlagen. Damit der Teig knusprig wird, 5 Minuten vor Ende der Backzeit den Teigboden mit dem Eiweiß bepinseln.

3 Für die Vanillecreme die Sahne in einem Topf mit der längs halbierten Vanilleschote aufkochen. Sobald sich die ersten Bläschen bilden, den Topf vom Herd nehmen. In einer Schüssel die Eigelbe und den Zucker schaumig schlagen. Die Vanilleschote aus der Sahne nehmen, das Mark mit einem kleinen, spitzen Messer herauskratzen und zu den geschlagenen Eigelben geben. Die Eimischung in die abgekühlte Sahne einrühren und auf dem Tarteboden verteilen. 20–25 Minuten backen. Die Tarte aus dem Ofen nehmen, bei Raumtemperatur abkühlen lassen und 2 Stunden kalt stellen.

4 Direkt vor dem Servieren den Erdbeersirup über die Vanillecreme gießen und die Walderdbeeren darauf verteilen.

EINFACH

Für **6** Personen
Zubereitungszeit: **20** Minuten
Kühlzeit: **4** Stunden
Budget: €

TARTE MIT HIMBEEREN UND YUZU-SAHNE

225 g Palets breton (franz. Spezialität, alternativ Butterkekse) • 70 g Butter

Für die Yuzu-Sahne
3 Blätter Gelatine • 50 ml Yuzu-Saft (asiatische Zitrusfrucht) • 50 g Quark • 1 Dose gezuckerte Kondensmilch (397 g)

Für den Belag
125 g Himbeeren • 1 EL Puderzucker

Außerdem
große Tarteform

1. Für den Tarteboden die *Palets breton* in der Küchenmaschine oder im Mixer klein mahlen. Die Butter in der Mikrowelle oder in einem kleinen Topf bei schwacher Hitze zerlassen. Die Brösel in einer Schüssel mit der Butter verrühren und die Mischung in die Backform geben. Einen 2 cm hohen Rand hochziehen und gut andrücken. In den Kühlschrank stellen.

2. Für die Yuzu-Sahne die Gelatine in einer Schüssel in kaltem Wasser einweichen. Den Yuzu-Saft in einem Topf erhitzen. Den Topf vom Herd nehmen, die Gelatineblätter ausdrücken, im Yuzu-Saft auflösen und abkühlen lassen. In einer Schüssel den Quark und die Kondensmilch mit einem Schneebesen verrühren und den Yuzu-Saft dazugeben.

3. Für den Belag die Himbeeren wenn nötig waschen und gut abtropfen lassen. Mit einer Gabel zerdrücken und mit dem Puderzucker vermischen.

4. Die Yuzu-Sahne auf dem Tarteboden verteilen, die Himbeeren darübergeben, mit einer Gabel verstreichen und nur ganz leicht verrühren. Im Kühlschrank 4 Stunden fest werden lassen.

EINFACH

Für **6** Personen
Zubereitungszeit: **20** Minuten
Backzeit: **50** Minuten
Budget: €

TARTE MIT JOHANNISBEERBAISER

1 Grundrezept süßer Mürbeteig (siehe S. 20–21) oder 1 gekaufter süßer Mürbeteig • 1 Eiweiß

Für den Belag
300 g Johannisbeeren (frisch oder gefroren) • 4 Eiweiß • 130 g Puderzucker + 20 g für die Dekoration • 100 g gemahlene Mandeln • Salz

Außerdem
große Tarteform

Den Backofen auf 180 °C vorheizen. Den Tarteboden vorbereiten (siehe S. 12–13) und etwa 20 Minuten blindbacken (siehe S. 14). Das Eiweiß in einer kleinen Schüssel leicht verschlagen. Damit der Teig knusprig wird, 5 Minuten vor Ende der Backzeit den Teigboden mit dem Eiweiß bepinseln.

Die Backofentemperatur auf 90 °C senken. Für den Belag frische Johannisbeeren waschen und von den Stielen zupfen.

Die Eiweiße mit 1 Prise Salz zu einem steifen Schnee schlagen. Nach und nach den Puderzucker unterrühren. Die Mandeln vorsichtig unterheben und zwei Drittel der Eimasse mit den Johannisbeeren vermischen. Den Tarteboden mit dieser Mischung bestreichen, mit dem restlichen Eiweiß bedecken und mit dem übrigen Puderzucker bestreuen. Bei 90 °C im Ofen 30 Minuten backen. Dabei regelmäßig die Farbe des Baisers prüfen – es sollte hellbeige sein. Die Tarte warm genießen.

EINFACH

Für **6** Personen
Zubereitungszeit: **30** Minuten
Backzeit: **45–55** Minuten
Budget: €

TARTE MIT MIRABELLEN UND MANDELSAHNE

1 Grundrezept süßer Mürbeteig (siehe S. 20–21) oder 1 gekaufter süßer Mürbeteig • 1 Eiweiß

Für den Belag
350 g Mirabellen

Für die Mandelsahne
100 g weiche Butter • 100 g gemahlene Mandeln • 110 g Honig • 2 Eier • 1 TL gemahlener Zimt • ½ TL gemahlener Ingwer • 60 g Crème fraîche

Außerdem
große Tarteform

1 Den Backofen auf 180 °C vorheizen. Den Tarteboden vorbereiten (siehe S. 12–13) und etwa 20 Minuten blindbacken (siehe S. 14). Das Eiweiß in einer kleinen Schüssel leicht verschlagen. Damit der Teig knusprig wird, 5 Minuten vor Ende der Backzeit den Teigboden mit dem Eiweiß bepinseln.

2 Für den Belag die Mirabellen waschen, halbieren und entsteinen.

3 Für die Mandelsahne Butter, Mandeln, Honig und Eier in einer Schüssel glatt rühren. Die Gewürze darüberstreuen und die Crème fraîche mit einem Löffel leicht unterheben. Die Mischung auf dem Tarteboden verteilen und mit den Mirabellen belegen. 25–35 Minuten backen. Warm oder kalt genießen.

EINFACH

Für **6** Personen
Zubereitungszeit: **20** Minuten
Backzeit: **20–25** Minuten
Budget: €€

TARTE MIT BROMBEEREN UND SÜSSER SAHNE

200 g Butterkekse • 80 g Butter

Für den Belag
½ Rezept süße Sahne (siehe S. 29) • 400 g Brombeeren • 80 g Puderzucker

Außerdem
große Tarteform

1 Den Backofen auf 180 °C vorheizen. Für den Tarteboden die Butterkekse in der Küchenmaschine oder im Mixer zerkleinern. Die Butter in einem Topf bei schwacher Hitze oder ein paar Sekunden in der Mikrowelle zerlassen. Die Keksbrösel in einer Schüssel mit der Butter verrühren und die Mischung in die Backform geben. Einen 2 cm hohen Rand hochziehen und gut andrücken. Die Form in das Gefrierfach stellen.

2 Die süße Sahne zubereiten (siehe S. 29) und kalt stellen.

3 Die Brombeeren vorsichtig mit dem Puderzucker vermischen und den Tarteboden damit belegen. Im Ofen etwa 20–25 Minuten backen, bis die Früchte weich sind. Gut abkühlen lassen und vor dem Servieren großzügig mit der süßen Sahne überziehen.

EINFACH

Für **6** Personen
Zubereitungszeit: **20** Minuten
Backzeit: **1** Stunde
Budget: €

TARTE MIT ROTEN PFLAUMEN

1 Grundrezept süßer Mürbeteig (siehe S. 20–21) oder 1 gekaufter süßer Mürbeteig • 1 Eiweiß

Für den Belag
8 große rote Pflaumen • 1 Bio-Zitrone • 50 g brauner Zucker • ½ TL gemahlener Ingwer • 1 gestrichener EL Maisstärke

Außerdem
lange rechteckige Tarteform

Den Backofen auf 180 °C vorheizen. Den Tarteboden vorbereiten (siehe S. 12–13) und etwa 20 Minuten blindbacken (siehe S. 14). Das Eiweiß in einer kleinen Schüssel leicht verschlagen. Damit der Teig knusprig wird, 5 Minuten vor Ende der Backzeit den Teigboden mit dem Eiweiß bepinseln.

Die Pflaumen waschen, entsteinen und jeweils in etwa acht Schnitze schneiden.

Die Zitrone waschen, trocknen, die Schale abreiben und eine Zitronenhälfte auspressen. Zitronenschale, Zitronensaft, Zucker, Ingwer, Maisstärke und die Pflaumen in einen Topf geben, gut vermischen und 5 Minuten kochen lassen. Den Tarteboden mit dieser Mischung belegen und 20–25 Minuten backen. Warm oder kalt servieren.

EINFACH

Für **6** Personen
Zubereitungszeit: **20** Minuten
Garzeit: **8** Minuten
Kühlzeit: **1** Stunde
Budget: €

BRIOCHETARTELETTES MIT KARAMELLISIERTEN PFIRSICHEN

6 Briocheschnitten

Für den Belag
3 reife Pfirsiche • 1 EL Zucker • 1 EL Rosmarinhonig • Saft von ½ Zitrone • 30 g Butter

Für die Mascarponecreme
150 g Mascarpone • 1 Vanilleschote • 200 g kalte Sahne

1. Aus jeder Briocheschnitte mithilfe eines Glases oder eines Schälchens eine Scheibe von etwa 10 cm Durchmesser ausschneiden.

2. Für den Belag die Pfirsiche waschen, enthäuten, halbieren und entsteinen. Mit Zucker, Honig und Zitronensaft in einer Schüssel gut vermischen.

3. Für die Creme den Mascarpone in eine zweite Schüssel geben. Die Vanilleschote mit dem Messerrücken etwas flach drücken, der Länge nach aufschneiden, das Vanillemark herauskratzen und in die Schüssel geben. Den Mascarpone mit dem Vanillemark verrühren. Die gut gekühlte Sahne hinzugießen und mit einem Schneebesen oder dem Handrührgerät weiterrühren, bis eine steife Sahnecreme entsteht. 1 Stunde zugedeckt in den Kühlschrank stellen.

4. Die Butter in einer Pfanne zerlassen. Die Pfirsiche bei starker Hitze etwa 5 Minuten karamellisieren lassen und auf einem Teller beiseitestellen. Die Briochescheiben in derselben Pfanne von beiden Seiten etwa 1 Minute lang rösten, falls nötig etwas Butter zugeben.

5. Für die Tartelettes auf jede Briochescheibe einen halben Pfirsich legen und in die Mulde des Kerns etwas Mascarponecreme füllen. Sofort servieren.

EINFACH

Für **6** Personen
Zubereitungszeit: **20** Minuten
Backzeit: **18** Minuten
Budget: €

KNUSPRIGE MELONENTARTELETTES

6 Blätter Brick- oder Filoteig • 40 g Butter

Für den Belag
1 Melone • 4 EL Olivenöl • 3 EL Rohrzucker

Zum Servieren
6 Kugeln Eis nach Belieben

Außerdem
6 kleine Tarteletteformen • Hülsenfrüchte • Kugelausstecher

1. Den Backofen auf 180 °C vorheizen. Die Teigblätter vorsichtig ausbreiten. Die Butter in einem Topf bei schwacher Hitze oder ein paar Sekunden in der Mikrowelle zerlassen.

2. Die Teigblätter mit der geschmolzenen Butter bestreichen und jeweils 3 aufeinanderlegen. Sechs Teigkreise ausschneiden, die groß genug sind, dass sie das Innere der Backformen bedecken. Die Formen einfetten, die Teigscheiben hineinlegen, mit Backpapier abdecken und mit Hülsenfrüchten beschweren. Die Tartelettеböden im Ofen 10–15 Minuten backen, bis sie goldbraun sind. Das Backpapier und die Hülsenfrüchte entfernen und die Tartelettеböden abkühlen lassen.

3. Den Backofen auf Grillstufe vorheizen. Die Melone halbieren und die Kerne entfernen. Mit einem Kugelausstecher Melonenkugeln formen. Falls keiner zur Hand ist, das Fruchtfleisch mit einem scharfen Messer würfeln.

4. Die Melonenkugeln auf ein mit Backpapier ausgelegtes Backblech legen. Das Olivenöl darüberträufeln und mit dem Rohrzucker bestreuen. Unter dem Grill 3–4 Minuten bräunen. Dabei gut aufpassen, dass die Melonenkugeln nicht zu dunkel werden. Die Melonenkugeln auf den Tartelettеböden in den Backformen verteilen. Mit je einer Kugel Eis servieren.

FÜR KÖNNER

Für **6** Personen
Zubereitungszeit: **30** Minuten
Backzeit: **30** Minuten
Kühlzeit: **4** Stunden
Budget: €

SCHWARZWÄLDER KIRSCHTARTE

1 Grundrezept süßer Mürbeteig (siehe S. 20–21) + 2 EL Kirschwasser (nach Belieben) oder 1 gekaufter süßer Mürbeteig • 1 Eiweiß

Für die Mousse au Chocolat
150 g Bitterschokolade (70 % Kakaoanteil) • 5 Eier

Für die kandierten Kirschen
350 g entkernte Kirschen • 80 g Zucker

Für den Belag
½ Rezept süße Sahne (siehe S. 29)

Außerdem
große Tarteform • Spritzbeutel

1 Den Backofen auf 180 °C vorheizen. Wird der Mürbeteig selbst gemacht, das Kirschwasser zum leicht geschlagenen Ei (siehe Schritt 2, S. 20) hinzugeben. Den Tarteboden vorbereiten (siehe S. 12–13) und etwa 30 Minuten vorbacken (siehe S. 15). Das Eiweiß in einer kleinen Schüssel leicht verschlagen. Damit der Teig knusprig wird, 5 Minuten vor Ende der Backzeit mit dem leicht geschlagenen Eiweiß bepinseln.

2 Für die Mousse au Chocolat die Schokolade hacken und in einer Schüssel über einem Topf mit kochendem Wasser schmelzen. Die Eier trennen. Die Schüssel vom Topf nehmen und die Eigelbe nacheinander in die Schokolade einrühren. Die Eiweiße zu Eischnee schlagen und vorsichtig unterheben. Die Mousse au Chocolat auf dem Tarteboden verteilen und mindestens 4 Stunden im Kühlschrank ruhen lassen.

3 Für die kandierten Kirschen in einem Topf die Kirschen etwa 15 Minuten mit dem Zucker kochen lassen. Die Kirschen herausnehmen und den Saft weiterkochen lassen, bis sich ein sehr dicker Sirup gebildet hat. Den Herd abschalten, die Kirschen wieder zum Sirup geben und abkühlen lassen. Einige Kirschen zum Garnieren beiseitelegen. Die süße Sahne zubereiten (siehe S. 29) und zugedeckt in den Kühlschrank stellen.

4 Nach 4 Stunden den Tarteboden aus dem Kühlschrank nehmen, die abgetropften Kirschen auf der Mousse au Chocolat verteilen. Die süße Sahne in den Spritzbeutel füllen und auf der Tarte verteilen. Mit den restlichen Kirschen garnieren und servieren.

EINFACH

Für **6** Personen
Zubereitungszeit: **20** Minuten
Backzeit: **20–25** Minuten
Budget: €

FILOTARTE MIT NEKTARINEN

6 Blätter Filoteig • 40 g Butter

Für den Belag
8 Nektarinen • 2 Pck. Vanillezucker • 30 g Butter

Außerdem
lange rechteckige Tarteform

1. Den Backofen auf 200 °C vorheizen. Die Filoteigblätter vorsichtig ausbreiten. Die Butter in einem Topf bei schwacher Hitze oder ein paar Sekunden in der Mikrowelle zerlassen.

2. Die Filoteigblätter großzügig mit der Butter bestreichen aufeinanderlegen und in eine mit Backpapier ausgelegte rechteckige Form legen.

3. Für den Belag die Nektarinen waschen, halbieren und entsteinen. In Scheiben schneiden und lamellenförmig auf dem Filoteig verteilen. Mit dem Vanillezucker bestreuen und die Butter in Flöckchen darübergeben. Im Ofen etwa 10 Minuten backen, dann die Temperatur auf 180 °C reduzieren und 10–15 Minuten weiterbacken. Warm oder kalt genießen.

EINFACH

Für **6** Personen
Zubereitungszeit: **20** Minuten
Backzeit: **40** Minuten
Kühlzeit: **1** Stunde
Budget: €

HIMBEER-SCHOKOLADEN-TARTE

1 Grundrezept süßer Mürbeteig (siehe S. 20–21) oder 1 gekaufter süßer Mürbeteig • 1 Eiweiß

Für den Schokoladenguss
250 g Bitterschokolade (70 % Kakaoanteil) • 80 ml Milch • 15 g Butter • 200 g Sahne • 2 Eier

Für den Belag
125 g Himbeeren

Außerdem
große Tarteform

1. Den Backofen auf 180 °C vorheizen. Den Tarteboden vorbereiten (siehe S. 12–13) und etwa 20 Minuten blindbacken (siehe S. 14). Das Eiweiß in einer kleinen Schüssel leicht verschlagen. Damit der Teig knusprig wird, 5 Minuten vor Ende der Backzeit den Teigboden mit dem Eiweiß bepinseln.

2. Für den Schokoladenguss die Schokolade mit einem schweren Messer hacken und in eine Schüssel geben. Milch, Butter und Sahne in einem Topf zum Kochen bringen. Die Milchmischung über die Schokolade gießen und mit dem Schneebesen vorsichtig verrühren. Dabei darauf achten, dass sich keine Blasen bilden. Die Eier in einer Schüssel mit einer Gabel leicht schaumig schlagen, zur Schokoladencreme hinzufügen und unterheben.

3. Für den Belag die Himbeeren mit einem Messer grob zerkleinern und auf dem Tarteboden verteilen. Den Schokoladenguss darübergeben, glatt streichen und die Tarte 20 Minuten in den ausgeschalteten, aber noch warmen Ofen stellen.

4. Die Tarte ist fertig, wenn sie in der Mitte noch etwas weich ist. Bei Raumtemperatur abkühlen lassen, vor dem Servieren mindestens 1 Stunde in den Kühlschrank stellen.

TIPP:
Vor dem Servieren kurz mit einem Flambierbrenner über die Tarte streichen, um den Guss zum Glänzen zu bringen.

EINFACH

Für **6** Personen
Zubereitungszeit: **20** Minuten
Backzeit: **35–40** Minuten
Budget: €

MUFFINTARTE MIT PREISELBEEREN

1 Grundrezept süßer Mürbeteig (siehe S. 20–21) oder 1 gekaufter süßer Mürbeteig

Für den Belag
30 g Butter • 1 Ei • 80 g Puderzucker • 125 g Crème fraîche • 120 g Mehl • 6 g Hefe • 150 g Preiselbeeren (frisch oder gefroren) • Salz

Außerdem
große Tarteform

1. Den Backofen auf 180 °C vorheizen. Den Tarteboden vorbereiten (siehe S. 12–13) und etwa 20 Minuten blindbacken (siehe S. 14).

2. Für den Belag die Butter in einem Topf bei schwacher Hitze oder ein paar Sekunden in der Mikrowelle zerlassen. In einer Schüssel das Ei und den Puderzucker mit dem Schneebesen kräftig verrühren. Die zerlassene Butter und die Crème fraîche dazugeben.

3. Mehl, 1 Prise Salz und Hefe in einer Schüssel vermischen. Tiefgefrorene Preiselbeeren jetzt aus der Kühltruhe nehmen und unter das Mehl mischen.

4. In das Mehl eine Mulde drücken und die Eimischung hineingeben. Alles schnell zu einem Teig verarbeiten, ohne zu sehr zu kneten. Jetzt erst die frischen Preiselbeeren vorsichtig unterheben.

5. Die Preiselbeer-Teig-Mischung auf dem Tarteboden verteilen und 15–20 Minuten backen. Die Muffintarte abkühlen lassen und servieren.

EINFACH

Für **6** Personen
Zubereitungszeit: **30** Minuten
Backzeit: **45–50** Minuten
Budget: €

PFIRSICH-HIMBEER-TARTE MIT ZITRONENTHYMIAN

1 Grundrezept süßer Mürbeteig (siehe S. 20–21) oder 1 gekaufter süßer Mürbeteig • 1 Eiweiß

Für die Pfirsiche in Sirup
100 g Zucker • 10 g Mönchstee (oder Teesorte nach Belieben) • 6 Pfirsiche

Für die Garnitur
50 g Zucker • 1 EL Zitronenthymian, fein gehackt • 125 g Himbeeren

Außerdem
quadratische Backform

1. Den Backofen auf 180 °C vorheizen. Den Tarteboden vorbereiten (siehe S. 12–13) und etwa 20 Minuten blindbacken (siehe S. 14). Das Eiweiß in einer kleinen Schüssel leicht verschlagen. Damit der Teig knusprig wird, 5 Minuten vor Ende der Backzeit den Teigboden mit dem Eiweiß bepinseln.

2. Für die Pfirsiche in Sirup 1,5 l Wasser und den Zucker in einem großen Topf zum Kochen bringen, die Hitze reduzieren, den Tee und die Pfirsiche dazugeben. 5–10 Minuten kochen, bis die Pfirsiche weich sind. Herausnehmen, abtropfen lassen, enthäuten, halbieren und entsteinen. Jede Pfirsichhälfte mit einem sehr scharfen Messer in dünne Scheiben schneiden.

3. In einer Schüssel den Zucker und den Zitronenthymian mit den Fingerspitzen vermischen und beiseitestellen.

4. Den Tarteboden mit den Pfirsichscheiben belegen, die Himbeeren darauf verteilen und mit dem mit Zitronenthymian aromatisierten Zucker bestreuen. 25–30 Minuten backen. Warm oder kalt servieren.

EINFACH

Für **6** Personen
Zubereitungszeit: **20** Minuten
Backzeit: **45** Minuten
Budget: €

APFEL-BROMBEER-TARTE MIT STREUSELN

1 Grundrezept süßer Mürbeteig (siehe S. 20–21) oder 1 gekaufter süßer Mürbeteig • 1 Eiweiß

Für die Streusel
70 g brauner Zucker • 120 g Mehl • 100 g Butter • 100 g Nugat

Für den Belag
2 Äpfel • 4 EL Zucker • 200 g Brombeeren

1. Den Backofen auf 180 °C vorheizen. Den Tarteboden vorbereiten (siehe S. 12–13) und auf dem Backblech etwa 20 Minuten blindbacken (siehe S. 14). Das Eiweiß in einer kleinen Schüssel leicht verschlagen. Damit der Teig knusprig wird, 5 Minuten vor Ende der Backzeit den Teigboden mit dem Eiweiß bepinseln.

2. Für die Streusel den Zucker, das Mehl und die Butter sanft mit den Fingerspitzen verreiben, ohne die Butter zum Schmelzen zu bringen, bis eine krümelige Mischung entsteht. Das Nugat dazugeben und untermischen.

3. Für den Belag die Äpfel waschen, schälen, entkernen und in dünne Scheiben schneiden. Auf dem Teig fächerförmig anordnen. Mit 2 EL Zucker bestreuen. Die Brombeeren darauf verteilen, den restlichen Zucker und die Streusel darüberstreuen. Im Ofen etwa 25 Minuten backen, bis die Streusel goldbraun sind.

TIPP:
Die Streusel können im Voraus zubereitet und in einem gut verschlossenen Behälter aufbewahrt werden. Vor dem Servieren ein paar Minuten in einer Pfanne anrösten, damit sie knusprig werden.

EINFACH

Für **6** Personen
Zubereitungszeit: **20** Minuten
Backzeit: **35–40** Minuten
Budget: €

ERDBEERTARTELETTES MIT BASILIKUMSAHNE

1 Grundrezept süßer Mürbeteig (siehe S. 20–21) + 50 ml Olivenöl oder 1 gekaufter süßer Mürbeteig

Für den Belag
450 g Erdbeeren • 15 Basilikumblätter • 250 g Sahne • 20 g Puderzucker

Zum Garnieren
2 EL Puderzucker

Außerdem
6 kleine Tarteletteförmchen • Siphon oder Handrührgerät

1. Den Backofen auf 180 °C vorheizen. Wird der Mürbeteig selbst gemacht, das Olivenöl zu dem geschlagenen Eiweiß (siehe Schritt 2, S. 20) hinzufügen und sechs Tartelette-böden vorbereiten (siehe S. 12–13). Die Tartelettebóden etwa 20 Minuten vorbacken (siehe S. 15) und abkühlen lassen.

2. Für den Belag die Erdbeeren waschen, die Stielansätze entfernen, große Erdbeeren halbieren. Die Basilikumblätter waschen und trocken tupfen. In einem Topf 100 g Sahne mit den Basilikumblättern zum Kochen bringen. Den Topf vom Herd nehmen und alles pürieren. Mit der restlichen kalten Sahne vermischen und den Puderzucker hinzufügen. Die Mischung durch ein Sieb streichen, in den Siphon füllen und im Kühlschrank abkühlen lassen. Sobald die Sahne gut gekühlt ist, den Siphon verschließen, eine Gaspatrone einsetzen und bis zu fünfzehn Mal kräftig schütteln.

3. Die Tartelettebóden mit der Basilikumsahne bestreichen, die Erdbeeren darauf verteilen und mit Puderzucker bestäuben. Sofort servieren.

TIPP:
Wenn kein Siphon zur Verfügung steht, die Basilikumsahne mit der restlichen Sahne vermischen und mindestens 1 Stunde in den Kühlschrank stellen. Dann die Sahne mit dem Handrührgerät aufschlagen und dabei nach und nach den Puderzucker dazugeben.

EINFACH

Für **6** Personen
Zubereitungszeit: **15** Minuten
Backzeit: **35–40** Minuten
Budget: €€

HIMBEERTARTELETTES MIT MATCHA-TEE

1 Grundrezept süßer Mürbeteig (siehe S. 20–21) oder 1 gekaufter süßer Mürbeteig

Für den Belag
150 g Himbeeren • 50 g Zucker • 50 g gemahlene Mandeln • 2 EL Crème fraîche • 1 gestrichener TL Matcha-Tee

Außerdem
6 kleine Tarteletteförmchen

1. Den Backofen auf 180 °C vorheizen. Sechs Tarteletteböden vorbereiten (siehe S. 12–13) und etwa 15 Minuten blindbacken (siehe S. 14).

2. Für den Belag die Himbeeren vorsichtig waschen und trocken tupfen. Einige Früchte zum Garnieren beiseitelegen.

3. Zucker, Mandeln, Crème fraîche und Matcha-Tee vermischen. Wenn die Masse gleichmäßig verrührt ist, die Himbeeren hinzufügen und vorsichtig unterheben. Die Mischung auf den vorgebackenen Tarteletteböden verteilen und 20–25 Minuten fertig backen. Vor dem Servieren die Tartelettes mit den restlichen Himbeeren garnieren. Warm oder kalt genießen.

FÜR KÖNNER

Für **6** Personen
Zubereitungszeit: **20** Minuten
Backzeit: **25** Minuten
Ruhezeit: **15** Minuten
Budget: €

APRIKOSEN-TARTE-TATIN

1 Grundrezept Blätterteig (siehe S. 18–19) oder 1 gekaufter Blätterteig

Für den Belag
800 g Aprikosen • 2 frische Thymianzweige

Für den gesalzenen Butterkaramell
100 g Zucker • 40 g Butter • Salz

Außerdem
große Tarteform

1. Den Backofen auf 200 °C vorheizen. Für den Belag die Aprikosen waschen, halbieren und entsteinen.

2. Für den Butterkaramell den Zucker mit 2 EL Wasser in einem Topf mit dickem Boden vermischen. Bei schwacher Hitze so lange rühren, bis sich der Zucker aufgelöst hat. Ohne weiteres Rühren zum Kochen bringen. Wenn der Karamell eine bernsteinbraune Farbe angenommen hat, die Butter in Stücken unterheben und 1 Prise Salz hinzugeben. Die Aprikosen hinzufügen und 5–6 Minuten karamellisieren.

3. Den Teig aus dem Kühlschrank nehmen und mit dem Nudelholz 3 mm dick ausrollen.

4. Die Aprikosen mit der Hautseite nach unten gleichmäßig in der Backform verteilen und den Karamell darübergießen. Das Ganze mit dem Blätterteig bedecken, den Teigrand zwischen dem Rand der Backform und den Aprikosen andrücken. In die Mitte des Teiges ein Kreuz einschneiden, damit der Dampf entweichen kann. Im Ofen 25 Minuten backen. Die Tarte 10 Minuten ruhen lassen, dann auf eine Servierplatte stürzen und mit ein paar Thymianblättchen garnieren.

EINFACH

Für **6** Personen
Zubereitungszeit: **30** Minuten
Backzeit: **50–60** Minuten
Ruhezeit: **1** Stunde
Budget: €

RHABARBERTARTE

1 Grundrezept süßer Mürbeteig (siehe S. 20–21) oder 1 gekaufter süßer Mürbeteig • 1 Eiweiß

Für den Belag
600 g Rhabarber • 100 g Puderzucker • 30 g Butter

Für den Rosmarinzucker
1 Rosmarinzweig • 100 g Puderzucker

Für die Glasur
1 Ei zum Bestreichen • 1 Pck. Vanillezucker • 6 Kugeln Vanilleeis

Außerdem
große Tarteform

1. Den Backofen auf 180 °C vorheizen. Den Tarteboden zubereiten (siehe S. 12–13), ein Viertel für die Streifen abnehmen, den Rest ca. 20 Minuten blindbacken (siehe S. 14). Damit der Teig knusprig wird, 5 Minuten vor Ende der Backzeit mit dem leicht geschlagenen Eiweiß bepinseln. Den Teig für die Teigstreifen mit Frischhaltefolie abdecken und in den Kühlschrank stellen.

2. Für den Belag den Rhabarber waschen, schälen und in 1 cm dicke Stücke schneiden. In einer Schüssel mit dem Puderzucker vermischen und etwa 1 Stunde abtropfen lassen.

3. Für den Rosmarinzucker die Nadeln abzupfen und mit 50 g Puderzucker im Mixer fein hacken, dann mit dem restlichen Puderzucker mischen. Wenn kein Mixer zur Verfügung steht, die Rosmarinnadeln so fein wie möglich hacken und vorsichtig mit dem Zucker vermengen.

4. Den Rhabarber auf dem Tarteboden verteilen. Mit dem Rosmarinzucker bestreuen und kleine Butterstückchen darauf verteilen. Für die goldbraune Farbe das Ei schaumig schlagen. Den restlichen Teig mit dem Nudelholz ausrollen und mit einem Teigrädchen in 1 cm breite Streifen schneiden. Die Teigstreifen rautenförmig auf die Tarte legen und mit etwas geschlagenen Ei am Rand festkleben. Die Streifen mit dem restlichen Ei bestreichen. Den Vanillezucker darüberstreuen und die Tarte 30–40 Minuten backen. Mit einer Kugel Vanilleeis servieren.

TIPP:
Außerhalb der Saison können tiefgekühlte Rhabarberstücke verwendet werden.

EINFACH

Für **6** Personen
Zubereitungszeit: **25** Minuten
Backzeit: **50–60** Minuten
Budget: €€

BUNTE-BEEREN-TARTE

1 Grundrezept süßer Mürbeteig (siehe S. 20–21) oder 1 gekaufter süßer Mürbeteig • 1 Eiweiß

Für den Belag
125 g Blaubeeren • 150 g Erdbeeren • 125 g Brombeeren • 125 g Himbeeren • 3 EL Honig • Saft von 1 Zitrone • 1 EL gehackte Zitronenverbene • 1 Ei

Außerdem
große Tarteform

1. Den Backofen auf 180 °C vorheizen. Den Tarteboden vorbereiten (siehe S. 12–13), ein Viertel für die Streifen abnehmen, den Rest ca. 20 Minuten blindbacken (siehe S. 14). Damit der Teig knusprig wird, 5 Minuten vor Ende der Backzeit mit dem leicht geschlagenen Eiweiß bepinseln. Den Teig für die Teigstreifen mit Frischhaltefolie abdecken und in den Kühlschrank stellen.

2. Für den Belag in einer Schüssel alle Beeren mit Honig, Zitronensaft und Zitronenverbene vorsichtig vermischen. Auf dem Tarteboden verteilen.

3. Für die goldbraune Farbe das Ei in einer Schüssel schaumig schlagen. Den restlichen Teig mit dem Nudelholz ausrollen und mit einem Teigrädchen in 1 cm breite Streifen schneiden. Die Teigstreifen rautenförmig auf die Tarte legen und mit etwas von dem geschlagenen Ei am Rand festkleben. Die Streifen mit dem restlichen Ei bestreichen und die Tarte 30–40 Minuten backen. Warm oder kalt servieren.

EINFACH

Für **6** Personen
Zubereitungszeit: **15** Minuten
Backzeit: **40** Minuten
Budget: €

MANDELCREMETARTE MIT BLAUBEERKONFITÜRE

1 Grundrezept süßer Mürbeteig (siehe S. 20–21) oder 1 gekaufter süßer Mürbeteig • 1 Eiweiß

Für den Belag
Mandelcreme (siehe S. 28) • 100 g Blaubeerkonfitüre • 2 EL Puderzucker (nach Belieben)

Außerdem
große Tarteform

1. Den Backofen auf 180 °C vorheizen. Den Tarteboden vorbereiten (siehe S. 12–13) und etwa 20 Minuten blindbacken (siehe S. 14). Das Eiweiß in einer kleinen Schüssel leicht verschlagen. Damit der Teig knusprig wird, 5 Minuten vor Ende der Backzeit den Teigboden mit dem Eiweiß bepinseln.

2. Für den Belag die Mandelcreme vorbereiten (siehe S. 28).

3. Den Tarteboden mit der Blaubeerkonfitüre bestreichen und die Mandelcreme darauf verteilen. Im Ofen 20 Minuten backen. Herausnehmen, abkühlen lassen und nach Belieben kurz vor dem Servieren mit Puderzucker bestreuen.

SELBST GEMACHT

OBSTTARTES FÜR DEN WINTER

EINFACH

Für **6** Personen
Zubereitungszeit: **35** Minuten
Backzeit: **15–20** Minuten
Ruhezeit: **10** Minuten
Budget: €

TARTE TATIN

1 Grundrezept salziger Mürbeteig (siehe S. 16–17) oder 1 gekaufter neutraler Mürbeteig

Für den Belag
1 kg säuerliche Äpfel (z. B. Boskop) • 120 g Zucker • 60 g Butter

Zum Servieren
4 EL Crème fraîche

Außerdem
große Tarteform

1. Den Backofen auf 200 °C vorheizen. Für den Belag die Äpfel waschen, schälen, vierteln und das Kerngehäuse entfernen. Den Zucker in einer Pfanne schmelzen. Wenn er eine goldbraune Farbe angenommen hat, die Pfanne vom Herd nehmen, die Butter in Stücken dazugeben und verrühren. Die Äpfel in die Pfanne geben, wieder auf den Herd stellen und 15–20 Minuten dünsten. Die Äpfel mit der Zucker-Butter-Mischung in der Backform gleichmäßig verteilen.

2. Den Teig aus dem Kühlschrank nehmen, 3 mm dick ausrollen und auf die Äpfel legen. Den Rand nach innen rollen. Mit einer Gabel leicht einstechen und in der Mitte ein kleines Loch einschneiden, damit der Dampf entweichen kann. 15–20 Minuten backen, bis der Teig goldbraun ist.

3. Die Tarte Tatin aus dem Ofen nehmen, 10 Minuten ruhen lassen und auf eine Kuchenplatte stürzen. Abkühlen lassen und mit der Crème fraîche servieren.

EINFACH

Für **6–8** Personen
Zubereitungszeit: **15** Minuten
Backzeit: **20** Minuten
Kühlzeit: **1** Stunde
Budget: €

MANGOTARTELETTES

1 Grundrezept süßer Mürbeteig (siehe S. 20–21) oder 1 gekaufter süßer Mürbeteig • 1 Eiweiß

Für den Belag
Konditorcreme (siehe S. 26–27) • 2 reife Mangos

Außerdem
6–8 kleine Tarteletteformen

1. Den Backofen auf 180 °C vorheizen. Sechs Tarteletteböden vorbereiten (siehe S. 12–13) und etwa 20 Minuten vorbacken (siehe S. 15). Das Eiweiß in einer kleinen Schüssel leicht verschlagen. Damit der Teig knusprig wird, 5 Minuten vor Ende der Backzeit den Teigboden mit dem Eiweiß bepinseln. Die Tarteletteböden abkühlen lassen.

2. Für den Belag die Konditorcreme zubereiten (siehe S. 26–27).

3. Die Mangos schälen, das Fruchtfleisch rund um den Kern abschneiden und in Scheiben schneiden.

4. Die Tarteletteböden mit der Konditorcreme bestreichen und die Mangoscheiben fächerförmig darauf anordnen. Die Tartelettes vor dem Servieren 1 Stunde zugedeckt in den Kühlschrank stellen.

TIPP:
Die Tartelettes sehen noch schöner aus, wenn man den Teig mit etwas Kakaopulver dunkel färbt.

EINFACH

Für **6** Personen
Zubereitungszeit: **30** Minuten
Backzeit: **30** Minuten
Kühlzeit: **1** Stunde
Budget: €

ZITRONENTARTE

1 Grundrezept süßer Mürbeteig (siehe S. 20–21) oder 1 gekaufter süßer Mürbeteig • 1 Eiweiß

Für den Belag
Zitronencreme (siehe S. 23) • 1 Bio-Zitrone • 250 g Zucker

Außerdem
große Tarteform

1. Den Backofen auf 180 °C vorheizen. Den Tarteboden vorbereiten (siehe S. 12–13) und etwa 30 Minuten vorbacken (siehe S. 15). Das Eiweiß in einer kleinen Schüssel leicht verschlagen. Damit der Teig knusprig wird, 5 Minuten vor Ende der Backzeit den Teigboden mit dem Eiweiß bepinseln.

2. Für den Belag die Zitronencreme vorbereiten (siehe S. 23), auf den abgekühlten Tarteboden geben und mit einem Spatel glatt streichen. 1 Stunde kalt stellen.

3. Die Zitrone waschen, trocken reiben und in dünne Scheiben schneiden. Den Zucker in einem Topf mit 250 ml Wasser verrühren und zum Kochen bringen. Die Zitronenscheiben hinzufügen und 15 Minuten köcheln lassen. Den Herd ausschalten und die Zitronenscheiben im Sirup erkalten lassen. Die Zitronenscheiben abtropfen lassen und auf ein Backpapier legen. Vor dem Servieren die Tarte mit den Zitronenscheiben garnieren.

TIPP:
Den Teig mit Kakaopulver dunkel färben, das sieht mit dem hellen Belag besonders schön aus.

EINFACH

Für **6** Personen
Zubereitungszeit: **20** Minuten
Backzeit: **45–50** Minuten
Budget: €

BIRNENTARTE MIT MANDELCREME

1 Grundrezept süßer Mürbeteig (siehe S. 20–21) oder 1 gekaufter süßer Mürbeteig

Für den Belag
Mandelcreme (siehe S. 28) • 6 reife Birnen • 70 g Mandelblättchen

Außerdem
große Tarteform

1. Den Backofen auf 180 °C vorheizen. Den Tarteboden vorbereiten (siehe S. 12–13) und etwa 20 Minuten blindbacken (siehe S. 14).

2. Für den Belag die Mandelcreme zubereiten (siehe S. 28).

3. Die Birnen waschen, schälen, vierteln und das Kerngehäuse entfernen. Jedes Viertel in dünne Scheiben schneiden. Die Mandelcreme auf dem Tarteboden verstreichen und mit den Birnenscheiben fächerförmig belegen. Im Ofen 25–30 Minuten backen.

4. In einer kleinen heißen Pfanne die Mandelblättchen ohne Fett rösten. Die Tarte aus dem Ofen nehmen und mit den gerösteten Mandeln bestreuen.

FÜR KÖNNER

Für **6** Personen
Zubereitungszeit: **30** Minuten
Backzeit: **45–50** Minuten
Kühlzeit: **2** Stunden
Budget: €

TARTE CRÈME BRÛLÉE MIT GRANATAPFEL

1 Grundrezept süßer Mürbeteig (siehe S. 20–21) oder 1 gekaufter süßer Mürbeteig • 1 Eiweiß

Für den Belag
1 Granatapfel • 400 g Sahne • 1 Vanilleschote • 4 Eigelb • 80 g Zucker • 4 EL Rohrzucker

Außerdem
große Tarteform

1. Den Backofen auf 180 °C vorheizen. Den Tarteboden vorbereiten (siehe S. 12–13) und etwa 20 Minuten blindbacken (siehe S. 14). Das Eiweiß in einer kleinen Schüssel leicht verschlagen. Damit der Teig knusprig wird, 5 Minuten vor Ende der Backzeit den Teigboden mit dem Eiweiß bepinseln.

2. Für den Belag den Granatapfel halbieren, die Kerne herauskratzen und dabei die weiße Membranhaut vollständig entfernen. Die Kerne beiseitestellen.

3. Die Sahne und die längs halbierte Vanilleschote in einen Topf geben. Zum Kochen bringen, vom Herd nehmen und für ein stärkeres Vanillearoma 10 Minuten ziehen lassen. Die Vanilleschote herausnehmen, das Vanillemark mit einem kleinen, scharfen Messer herauskratzen und zur Sahne geben.

4. In einer Schüssel die Eigelbe und den Zucker mit einer Gabel schaumig schlagen. Die Vanillesahne dazugießen, dabei ständig weiterschlagen.

5. Die Granatapfelkerne auf dem Tarteboden verteilen, mit der noch heißen Eimasse übergießen und im Ofen 25–30 Minuten backen. Die Tarte aus dem Ofen nehmen, auf Raumtemperatur abkühlen lassen und 2 Stunden in den Kühlschrank stellen.

6. Vor dem Servieren mit dem Rohrzucker bestreuen und mit einem Flambierbrenner oder unter dem Backofengrill karamellisieren. Sofort servieren.

FÜR KÖNNER

Für **6** Personen
Zubereitungszeit: **40** Minuten
Backzeit: **20–25** Minuten
Kühlzeit: **2** Stunden
Budget: €

APFELTARTE MIT ESPUMA AUS CRÈME BRÛLÉE

1 Grundrezept Blätterteig (siehe S. 18–19) oder 1 gekaufter Blätterteig

Für die Espuma aus Crème brûlée
150 ml Vollmilch • 350 g Sahne • 1 Vanilleschote • 4 Eigelb • 80 g Puderzucker

Für den Belag
6 Äpfel • 1 EL Rohrzucker • 50 g Butter

Außerdem
Siphon oder Handrührgerät

1. Für die Espuma aus Crème brûlée die Milch und die Sahne mit der Vanilleschote zum Kochen bringen. Den Topf vom Herd nehmen und für ein stärkeres Vanillearoma 10 Minuten ziehen lassen. Die Vanilleschote herausnehmen, das Vanillemark mit einem kleinen, scharfen Messer herauskratzen und zur Sahne geben. Die Eigelbe und den Puderzucker schaumig schlagen, bis die Masse weiß wird. Die Milch-Sahne-Mischung unter kräftigem Rühren hinzugeben. Alles wieder in den Topf gießen und 5 Minuten bei schwacher Hitze eindicken. Die Mischung bei Raumtemperatur abkühlen lassen, dann mindestens 2 Stunden zugedeckt in den Kühlschrank stellen. Danach die Sahne mit dem Handrührgerät, Stabmixer oder Siphon mit eingesetzter Gaspatrone unter mehrmaligem Schütteln zubereiten.

2. Für den Belag die Äpfel waschen, schälen, vierteln, das Kerngehäuse entfernen und die Viertel in dünne Scheiben schneiden.

3. Den Backofen auf 220 °C vorheizen. Den Blätterteig mit dem Nudelholz 3 mm dünn rund ausrollen, auf ein mit Backpapier ausgelegtes Backblech legen und mehrfach mit einer Gabel einstechen. Die Apfelscheiben überlappend darauf verteilen, den Rohrzucker darüberstreuen und Butterstückchen daraufsetzen. Im Ofen 20–25 Minuten backen, herausnehmen und abkühlen lassen.

4. Vor dem Servieren die Tarte mit der Espumacreme garnieren oder die Creme separat in einer kleinen Tasse servieren.

EINFACH

Für **8–10** Stück
Zubereitungszeit: **20** Minuten
Backzeit: **25** Minuten
Kühlzeit: **1** Stunde
Budget: €€

TARTELETTES MIT MATCHA, PASSIONSFRUCHTCREME UND MANGO

1 Grundrezept süßer Mürbeteig (siehe S. 20–21) + 2 EL Matcha-Tee oder 1 gekaufter süßer Mürbeteig • 50 g Bitterschokolade (70 % Kakaoanteil)

Für die Passionsfruchtcreme
18–20 Passionsfrüchte • 2 Bio-Zitronen • 4 Eier • 180 g Zucker • 1 EL Maisstärke • 50 g Butter

Für den Belag
1 Mango • 50 g weiße Schokolade

Außerdem
Tarteletteform mit 8–10 Mulden

1. Den Ofen auf 180 °C vorheizen. Wird der Mürbeteig selbst gemacht, den Matcha-Tee zum Teig geben (siehe Schritt 1, S. 20). 8–10 Tarteletteböden vorbereiten (siehe S. 12–13) und etwa 20 Minuten vorbacken (siehe S. 15). Inzwischen die Schokolade schmelzen. Damit der Teig knusprig bleibt, 5 Minuten vor Ende der Backzeit mit der Schokolade bepinseln. Die Tarteletteböden abkühlen lassen.

2. Für die Creme die Passionsfrüchte halbieren, das Fruchtfleisch mit einem Löffel herausnehmen und durch ein Sieb streichen, um den reinen Saft zu erhalten.

3. Die Zitronen waschen und trocken reiben. Von 1 Zitrone die Schale abreiben und beiseitestellen. Beide Zitronen auspressen und mit dem Passionsfruchtsaft in einen Topf geben. Die Eier verquirlen. Zucker, Eier und Maisstärke in den Topf geben und unter ständigem Rühren bei schwacher Hitze kochen, bis die Creme andickt.

4. Den Topf vom Herd nehmen und die kalte Butter in kleinen Stücken unterrühren, bis sie sich vollständig aufgelöst hat.

5. Für den Belag die Mango waschen, schälen und klein würfeln. Mit einem Sparschäler die weiße Schokolade in Späne schneiden. Die Tarteletteböden mit der Passionsfruchtcreme bestreichen und mit Mangowürfeln bestreuen. Mit den weißen Schokoladenspänen dekorieren. Vor dem Servieren 1 Stunde in den Kühlschrank stellen.

FÜR KÖNNER

Für **6** Personen
Zubereitungszeit: **45** Minuten
Backzeit: **30** Minuten
Kühlzeit: **1** Stunde
Budget: €

TARTE PIÑA COLADA

1 Grundrezept süßer Mürbeteig (siehe S. 20–21) + 2 EL brauner Rum (nach Belieben) oder 1 gekaufter süßer Mürbeteig • 1 Eiweiß

Für die Kokosmousse
3 Blätter Gelatine • 250 g Kokosmilch • 40 g Zucker • 15 g Kokosraspeln • 250 g kalte Sahne

Für den Belag
1 Ananas • 80 g Zucker • 6 kleine Mangomacarons

Außerdem
große Tarteform • Spritzbeutel

1. Den Backofen auf 180 °C vorheizen. Wird der Mübeteig selbst gemacht, den Rum mit dem leicht geschlagenen Ei vermischen (siehe Schritt 2, S. 20). Den Tarteboden vorbereiten (siehe S. 12–13) und etwa 30 Minuten vorbacken (siehe S. 15). Das Eiweiß in einer kleinen Schüssel leicht verschlagen. Damit der Teig knusprig wird, 5 Minuten vor Ende der Backzeit mit dem Eiweiß bepinseln. Den Tarteboden abkühlen lassen.

2. Für die Kokosmousse die Gelatine in kaltem Wasser einweichen. Die Kokosmilch mit dem Zucker in einem Topf erhitzen. Sobald das Wasser zu kochen beginnt, die Temperatur reduzieren, die Gelatine gut ausdrücken, hineingeben und mit dem Schneebesen verrühren, bis sie sich aufgelöst hat. Die Kokosraspeln hinzufügen und abkühlen lassen. Dabei gelegentlich umrühren.

3. Die Sahne schlagen (siehe S. 29) und zur abgekühlten Kokosmilch geben. Alles in einen Spritzbeutel füllen und 1 Stunde kühl stellen.

4. Für den Belag die Ananas schälen und das Fruchtfleisch würfeln. Den Zucker in einer Pfanne schmelzen, bis er goldbraun ist. Die Ananas dazugeben und 5 Minuten köcheln. Abkühlen lassen.

5. Die Ananas auf dem Tarteboden verteilen, die Kokosmousse darübergeben. Dabei ein wenig zum Servieren übrig behalten. Die Tarte mit zerstoßenen Mangoplätzchen garnieren und kalt serverien.

TIPP:
Anstatt des Spritzbeutels kann man auch einen Tiefkühllbeutel verwenden.

EINFACH
Für **6** Personen
Zubereitungszeit: **45** Minuten
Backzeit: **20** Minuten
Budget: €

BIRNENTARTELETTES MIT GLÜHWEIN

1 Grundrezept süßer Mürbeteig (siehe S. 20–21) oder 1 gekaufter süßer Mürbeteig • 1 Eiweiß

Für die Schokoladencreme
Konditorcreme (siehe S. 26–27) • 60 g Bitterschokolade (70 % Kakaoanteil)

Für den Belag
6 Birnen • 1 Bio-Orange • 750 ml Rotwein • 120 g Zucker • 1 Zimtstange • 1 Sternanis • 1 Gewürznelke • 1 Kardamomkapsel • 1 Langer Pfeffer

Außerdem
6 kleine Tarteletteformen

1. Den Backofen auf 180 °C vorheizen. Sechs Tarteletteböden vorbereiten (siehe S. 12–13) und etwa 20 Minuten vorbacken (siehe S. 15). Das Eiweiß in einer kleinen Schüssel leicht verschlagen. Damit der Teig knusprig wird, 5 Minuten vor Ende der Backzeit den Teigboden mit dem Eiweiß bepinseln. Die Tarteletteböden abkühlen lassen.

2. Für die Schokoladencreme die Konditorcreme zubereiten (siehe S. 26–27). Die Schokolade in Stücke brechen, in eine Schüssel geben und über einem Topf mit kochendem Wasser zum Schmelzen bringen. Die Schokolade zu der Konditorcreme hinzufügen (in Schritt 5).

3. Für den Belag die Birnen waschen, schälen, halbieren und das Kerngehäuse entfernen. Die Orange waschen, trocknen und die Schale abreiben.

4. Den Rotwein in einem Topf zum Kochen bringen. Dann den Zucker, die Gewürze und die Orangenschale hineingeben. Die Birnen hinzufügen und 10–20 Minuten pochieren. Sobald sie weich sind, herausnehmen und auf Küchenpapier abtropfen lassen.

5. Die Birnen mit einem kleinen, scharfen Messer in dünne Scheiben schneiden. Die Tarteletteböden mit der Schokoladencreme bestreichen und die Birnenscheiben direkt vor dem Servieren darauf verteilen.

TIPP:
Der Rotweinsud kann ein paar Tage im Kühlschrank aufbewahrt werden, um damit auch andere Früchte zu pochieren.

EINFACH

Für **6** Personen
Zubereitungszeit: **20** Minuten
Backzeit: **40–45** Minuten
Ruhezeit: **1** Stunde
Budget: €

KÜRBISTARTELETTES

1 Grundrezept süßer Mürbeteig (siehe S. 20–21) oder 1 gekaufter süßer Mürbeteig • 1 Eiweiß

Für den Belag
450 g gefrorenes Kürbispüree • 2 Eier • 170 g brauner Rohrzucker • 150 g Sahne • 1 TL gemahlener Zimt • ½ TL Quatre-Épices (franz. Gewürzmischung aus weißem Pfeffer, Ingwer, Muskat und Gewürznelken) • ½ TL gemahlener Ingwer • 100 g Pekannusskerne • Salz

Für die Garnitur
80 g Ingwerkekse

Außerdem
6 kleine Tarteletteformen

1. Den Backofen auf 180 °C vorheizen. Sechs Tarteletteböden vorbereiten (siehe S. 12–13) und etwa 20 Minuten blindbacken (siehe S. 14). Das Eiweiß in einer kleinen Schüssel leicht verschlagen. Damit der Teig knusprig wird, 5 Minuten vor Ende der Backzeit die Teigböden mit dem Eiweiß bepinseln.

2. Für den Belag das Kürbispüree in einem Topf erhitzen und möglichst viel Wasser verdampfen lassen. Vom Herd nehmen und auskühlen lassen. In einer Schüssel Eier, Rohrzucker, Sahne, Gewürze, 1 Prise Salz und das Kürbispüree gut vermischen.

3. Die Pekannüsse zerkleinern und auf dem Tarteboden verteilen. Das Kürbispüree über die Pekannüsse gießen, glatt streichen und im Ofen 20–25 Minuten backen. Die Tarte sollte sich in der Mitte leicht eindrücken lassen, und die Oberfläche sollte ein wenig karamellisiert sein. Abkühlen lassen.

4. Vor dem Servieren die Ingwerkekse zerbröseln und die Tarte damit bestreuen.

TIPP:
Für Kürbispüree einen kleinen Kürbis in Spalten schneiden, entkernen und auf ein Backblech legen. Im heißen Ofen 45–60 Minuten backen, bis das Kürbisfleisch weich ist. Auskühlen lassen. Die Schale entfernen und das Kürbisfleisch pürieren.

EINFACH

Für **6** Personen
Zubereitungszeit: **35** Minuten
Backzeit: **15** Minuten
Kühlzeit: **1** Stunde
Budget: €

LITSCHITARTELETTES

30 g Butter • 100 g Löffelbiskuits

Für den Belag
Konditorcreme (siehe S. 26–27) • 1 EL Rosenwasser • 12 frische Litschis • 4 Löffelbiskuits

Außerdem
6 kleine Tarteletteformen

1. Die Butter einige Sekunden in der Mikrowelle oder bei schwacher Hitze in einem kleinen Topf zerlassen.

2. Die Löffelbiskuits mit der Küchenmaschine zerkleinern, die geschmolzene Butter dazugeben und gut vermischen. Den Teig in die Backförmchen füllen und mit einem großen Löffel oder einem Glas fest am Boden andrücken. Die Oberfläche sollte glatt und fest sein. Die Tartelettеböden 1 Stunde kühl stellen.

3. Für den Belag die Konditorcreme zubereiten (siehe S. 26–27) und mit Rosenwasser aromatisieren (in Schritt 5). Auskühlen lassen.

4. Die Litschis schälen, halbieren und entsteinen. Beiseitestellen. Die Löffelbiskuits zerbröseln.

5. Die Backformen aus dem Kühlschrank nehmen, die Tartelettеböden mit der Konditorcreme bestreichen und die Litschis darauf verteilen. Mit den Biskuitbröseln garnieren. Gut gekühlt servieren.

EINFACH

Für **6** Personen
Zubereitungszeit: **50** Minuten
Backzeit: **20** Minuten
Ruhezeit: **1** Stunde
Budget: €

TARTELETTES MIT BANANENTOFFEE

1 Grundrezept süßer Mürbeteig (siehe S. 20–21) + 30 g ungesüßtes Kakaopulver oder 1 gekaufter süßer Mürbeteig

Für die Milchkonfitüre
1 Dose gezuckerte Kondensmilch (397 g)

Für den Belag
½ Rezept süße Sahne (siehe S. 29) • 3 Bananen • 3 EL ungesüßtes Kakaopulver

Außerdem
6 kleine Tarteletteformen • Schnellkochtopf • Spritzbeutel oder Siphon

1. Den Backofen auf 180 °C vorheizen. Wird der Mürbeteig selbst gemacht, das Kakaopulver hinzufügen (siehe Schritt 1, S. 20) und die Mehlmenge dafür um 30 g reduzieren. Sechs Tarteletteböden vorbereiten (siehe S. 12–13) und ca. 20 Minuten vorbacken (siehe S. 15). Die Tarteletteböden auskühlen lassen.

2. Für die Milchkonfitüre die geschlossene Dose Kondensmilch in einen Schnellkochtopf stellen, diesen mit Wasser füllen, bis die Dose zu drei Viertel bedeckt ist, den Topf verschließen und das Wasser erhitzen. Nachdem sich das Sicherheitsventil öffnet 30–35 Minuten kochen lassen. Vor dem Öffnen des Topfes und Herausnehmen der Dose den Dampf ablassen. Die Dose erst öffnen, wenn sie vollständig abgekühlt ist.

3. Für den Belag die süße Sahne vorbereiten (siehe S. 29). Die Bananen in Scheiben schneiden.

4. Die abgekühlte Milchkonfitüre auf die Tarteletteböden streichen. Die Bananen darauf verteilen. Mit der Sahne garnieren – mithilfe eines Spritzbeutels oder Siphons – und mit dem Kakao bestreuen. Sofort servieren.

EINFACH

Für **6** Personen
Zubereitungszeit: **20** Minuten
Backzeit: **20** Minuten
Kühlzeit: **2** Stunden
Budget: €

TARTELETTES MIT PASSIONSFRUCHTSCHAUM

1 Grundrezept süßer Mürbeteig (siehe S. 20–21) oder 1 gekaufter süßer Mürbeteig • 1 Eiweiß

Für den Passionsfruchtschaum
6 Blätter Gelatine • 125 g Passionsfruchtmus • 100 g Zucker
125 g gut gekühlte Sahne • 50 g Puderzucker

Für die Garnitur
2 EL gehackte Pistazien • 6 Aprikosenmacarons

Außerdem
6 kleine Tarteletteformen mit herausnehmbarem Boden • Spritzbeutel

1. Den Backofen auf 180 °C vorheizen. Sechs Tarteletteböden vorbereiten (siehe S. 12–13) und etwa 20 Minuten vorbacken (siehe S. 15). Das Eiweiß in einer kleinen Schüssel leicht verschlagen. Damit der Teig knusprig wird, 5 Minuten vor Ende der Backzeit den Teigboden mit dem Eiweiß bepinseln. Die Tarteletteböden abkühlen lassen.

2. Für den Passionsfruchtschaum die Gelatine in kaltem Wasser 10 Minuten einweichen. Das Fruchtmus mit dem Zucker aufkochen, den Topf vom Herd nehmen, die gut ausgedrückte Gelatine daruntermischen und abkühlen lassen. Die gut gekühlte Sahne mit dem Puderzucker steif schlagen (siehe S. 29) und vorsichtig mit dem abgekühlten Fruchtmus vermischen.

3. Mit einem Spritzbeutel den Fruchtschaum auf die Tarteletteböden verteilen und 2 Stunden zugedeckt in den Kühlschrank stellen. Direkt vor dem Servieren mit den gehackten Pistazien bestreuen und mit einem Aprikosenmacaron garnieren.

TIPP:
Für Passionsfruchtmus einfach 3–4 Passionsfrüchte waschen, halbieren, das Fruchtmark mit den Samen herauslöffeln und durch ein Sieb streichen.

FÜR KÖNNER

Für **6** Personen
Zubereitungszeit: **25** Minuten
Backzeit: **20** Minuten
Ruhezeit: **10** Minuten
Budget: €

TARTELETTES MIT LIEBESÄPFELN

1 Grundrezept süßer Mürbeteig (siehe S. 20–21) oder 1 gekaufter süßer Mürbeteig • 1 Eiweiß

Für den Belag
Konditorcreme (siehe S. 26–27) • 300 g Puderzucker • rote Lebensmittelfarbe • 6 kleine Äpfel

Außerdem
6 kleine Tarteletteformen

1. Den Backofen auf 180 °C vorheizen. Sechs Tarteletteböden vorbereiten (siehe S. 12–13) und etwa 20 Minuten vorbacken (siehe S. 15). Das Eiweiß in einer kleinen Schüssel leicht verschlagen. Damit der Teig knusprig wird, 5 Minuten vor Ende der Backzeit die Teigböden mit dem Eiweiß bepinseln. Die Tarteletteböden abkühlen lassen.

2. Für den Belag die Konditorcreme zubereiten (siehe S. 26–27) und zugedeckt in den Kühlschrank stellen.

3. In einem Topf den Puderzucker und 100 ml Wasser bei schwacher Hitze erwärmen, bis ein heller Karamell entsteht. Sobald die richtige Konsistenz erreicht ist, ein paar Tropfen Lebensmittelfarbe dazugeben.

4. Die Äpfel waschen und trocken reiben, nacheinander in die rote Zuckerlösung tauchen und großzügig damit überziehen, um eine knusprige Glasur zu erhalten. Danach auf ein Backpapier legen und 10 Minuten trocknen und abkühlen lassen.

5. Die Tarteletteböden mit der Konditorcreme bestreichen, die Liebesäpfel daraufsetzen und servieren.

EINFACH

Für **8** Stück
Zubereitungszeit: **30** Minuten
Backzeit: **10** Minuten
Kühlzeit: **3** Stunden
Budget: €

AVOCADOTARTELETTES MIT KOKOSSAHNE

80 g Butterschmalz • 150 g Spritzgebäck • 50 g Butterkekse •

Für die Kokossahne
200 ml Kokosnusscreme (ca. 27 % Fettgehalt) • 30 g Puderzucker

Für die Avocadocreme
2 Blätter Gelatine • 3 reife Avocados • 80–100 ml Zitronensaft • 250 ml gezuckerte Kondensmilch • 125 g Sahne

Für die Garnitur
2 Kiwis • 2 EL gehackte ungesalzene Pistazien

Außerdem
1 Tarteletteform mit 8 Mulden • Siphon oder Handrührgerät

1. Für die Kokossahne die Kokoscreme mit dem Puderzucker vermischen, in der Schüssel lassen oder in einen Siphon füllen und 2 Stunden kalt stellen.

2. Den Backofen auf 180 °C vorheizen. Für die Tarteletteböden das Butterschmalz bei schwacher Hitze in einem Topf oder ein paar Sekunden in der Mikrowelle zerlassen. Das Spritzgebäck und die Butterkekse in der Küchenmaschine oder mit dem Pürierstab zerkleinern. Die Brösel in eine Schüssel geben, mit dem Butterschmalz verrühren und die Mischung auf die Mulden der Tarteletteform verteilen. Gut glatt streichen und im Ofen 7–8 Minuten backen. Die Tarteletteböden abkühlen lassen.

3. Für die Avocadocreme die Gelatine in kaltem Wasser einweichen. Die Avocados schälen, halbieren, den Kern entfernen und die Hälften in Würfel schneiden. Den Zitronensaft in einem Topf zum Kochen bringen. Vom Herd nehmen, die gut ausgedrückte Gelatine einrühren und die Kondensmilch dazugeben. Die Avocadowürfel mit der Zitronencreme pürieren. Die Sahne steif schlagen (siehe S. 29) und vorsichtig mit dem Avocadopüree vermischen. Die Tarteletteböden mit der Avocadocreme bestreichen und 1 Stunde in den Kühlschrank stellen.

4. Zum Servieren eine Gaspatrone in den Siphon einsetzen, mehrmals betätigen und einen Klecks Kokossahne auf die Avocadocreme sprühen oder die Kokossahne mit dem Handrührgerät steif schlagen und verteilen. Die Kiwis schälen und in Scheiben schneiden. Die Tartelettes mit Kiwischeiben und Pistazien garnieren und servieren.

EINFACH

Für **6** Personen
Zubereitungszeit: **25** Minuten
Backzeit: **20** Minuten
Kochzeit: **1** Stunde
Kühlzeit: **1** Stunde
Budget: €€

TARTELETTES MIT KARAMELLISIERTEN KUMQUATS

1 Grundrezept süßer Mürbeteig (siehe S. 20–21) oder 1 gekaufter süßer Mürbeteig • 1 Eiweiß

Für den Belag
400 g Kumquats • 100 g Zucker • Konditorcreme (siehe S. 26–27)

Außerdem
6 kleine Tarteletteformen

1. Den Backofen auf 180 °C vorheizen. Sechs Tarteletteböden vorbereiten (siehe S. 12–13) und etwa 20 Minuten vorbacken (siehe S. 15). Das Eiweiß in einer kleinen Schüssel leicht verschlagen. Damit der Teig knusprig wird, 5 Minuten vor Ende der Backzeit die Teigböden mit dem Eiweiß bepinseln. Die Tarteletteböden abkühlen lassen.

2. Für den Belag die Kumquats waschen und halbieren. Die Früchte in einem Topf mit dem Zucker und 500 ml Wasser bei schwacher Hitze 1 Stunde karamellisieren lassen.

3. Die Konditorcreme zubereiten (siehe S. 26–27).

4. Die Tarteletteböden mit der Konditorcreme bestreichen und mit den Kumquathälften belegen. 1 Stunde in den Kühlschrank stellen und dann servieren.

EINFACH

Für **6** Personen
Zubereitungszeit: **20** Minuten
Backzeit: **35–40** Minuten
Budget: €

TARTELETTES MIT WEISSEN TRAUBEN

1 Grundrezept süßer Mürbeteig (siehe S. 20–21) oder 1 gekaufter süßer Mürbeteig

Für den Belag
Nusscreme (siehe Mandelcreme S. 28) • 1 Bündel weiße Weintrauben (möglichst ohne Kerne) • 20 g Puderzucker nach Belieben

Außerdem
6 kleine Tarteletteformen

1. Den Backofen auf 180 °C vorheizen. Sechs Tarteletteböden vorbereiten (siehe S. 12–13) und etwa 15 Minuten blindbacken (siehe S. 14).

2. Für den Belag die Nusscreme zubereiten (siehe S. 28). Dafür die gemahlenen Mandeln durch die gleiche Menge gemahlene Haselnüsse ersetzen.

3. Die Tarteletteböden nur bis zur Hälfte mit der Nusscreme füllen, da diese während des Backens aufgeht. Creme verstreichen und die Tartelettes im Ofen 20–25 Minuten backen.

4. Die Trauben abpflücken, waschen und trocken reiben. Auf die abgekühlten Tartelettes legen, nach Belieben mit Puderzucker bestreuen und servieren.

EINFACH

Für **6** Personen
Zubereitungszeit: **20** Minuten
Backzeit: **15–20** Minuten
Budget: €

BANANENSPLIT-TARTELETTES

15 Schokoladenkekse • 30 g Butter

Für den Belag
süße Sahne (siehe S. 29) • 3 Bananen • 6 Kugeln Erdbeersorbet

Außerdem
6 kleine Tarteletteformen

1. Den Backofen auf 160 °C vorheizen. Für die Tarteletteböden die Kekse in der Küchenmaschine oder im Mixer fein zerkleinern. Die Butter in einem Topf bei schwacher Hitze oder ein paar Sekunden in der Mikrowelle zerlassen und mit den Keksbröseln verrühren. Die Mischung in die Formen füllen und gut am Boden festdrücken. Die Oberfläche sollte fest und glatt sein. 15–20 Minuten backen und auskühlen lassen.

2. Inzwischen für den Belag die süße Sahne zubereiten (siehe S. 29).

3. Für den Belag die Bananen schälen und in Scheiben schneiden. Die Tarteletteböden mit den Bananenscheiben belegen, eine Kugel Erdbeersorbet daraufgeben, mit süßer Sahne garnieren und gleich servieren.

EINFACH

Für **9–12** Stück
Zubereitungszeit: **30** Minuten
Kühlzeit: **1** Stunde
Budget: €

MÜSLITARTELETTES MIT CLEMENTINEN

150 g Müslikekse • 70 g Butter • Salz

Für den Belag
1–2 Clementinen • 50 g Zucker • 20 g Butter • 250 g Mascarpone • 2 EL Puderzucker

Außerdem
1 Tartaletteform mit 9–12 Mulden

1. Für die Tartaletteböden die Müslikekse in der Küchenmaschine oder im Mixer fein zerkleinern. Die Butter in einem Topf bei schwacher Hitze oder ein paar Sekunden in der Mikrowelle zerlassen, 1 Prise Salz zugeben und mit den Keksbröseln verrühren. Die Mischung in die Mulden der Form füllen, gut am Boden festdrücken und einen Rand hochziehen. Die Oberfläche sollte glatt und fest sein. Die Tartaletteböden 1 Stunde in den Kühlschrank stellen.

2. Für den Belag die Clementinen schälen und in Spalten teilen. In einer Pfanne bei mittlerer Hitze den Zucker schmelzen. Die Butter in kleine Würfel schneiden. Sobald der Karamell hellbraun ist, vom Herd nehmen und die Butter sowie die Clementinen dazugeben. Die Pfanne wieder auf den Herd stellen und die Fruchtspalten bei mittlerer Hitze 2–3 Minuten karamellisieren.

3. Den Mascarpone mit dem Puderzucker verrühren. Die Tartaletteböden aus dem Kühlschrank nehmen, mit dem Mascarpone bestreichen, mit Clementinenspalten garnieren und servieren.

EINFACH

Für **6** Personen
Zubereitungszeit: **15** Minuten
Backzeit: **20** Minuten
Kühlzeit: **1** Stunde
Budget: €

KIWI-ORANGENBLÜTEN-TARTELETTES

1 Grundrezept süßer Mürbeteig (siehe S. 20–21) oder 1 gekaufter süßer Mürbeteig • 1 Eiweiß

Für den Belag
Konditorcreme (siehe S. 26–27) • 1 EL Orangenblütenwasser • 2–3 Kiwis

Außerdem
6 kleine Tarteletteformen

1. Den Backofen auf 180 °C vorheizen. Sechs Tarteletteböden vorbereiten (siehe S. 12–13) und etwa 20 Minuten vorbacken (siehe S. 15). Das Eiweiß in einer kleinen Schüssel leicht verschlagen. Damit der Teig knusprig wird, 5 Minuten vor Ende der Backzeit die Teigböden mit dem Eiweiß bepinseln. Die Tarteletteböden abkühlen lassen.

2. Die Konditorcreme zubereiten (siehe S. 26–27) und mit dem Orangenblütenwasser aromatisieren (in Schritt 5). Die Tarteletteböden mit der Konditorcreme bestreichen.

3. Die Kiwis schälen, in dünne Scheiben schneiden und vorsichtig auf der Konditorcreme verteilen. Die Tartelettes vor dem Servieren 1 Stunde in den Kühlschrank stellen.

TIPP:
Bepinselt man die Tartelettes mit warmem Johannisbeergelee oder warmer Aprikosenkonfitüre, bekommen sie einen schönen Glanz.

EINFACH

Für **6** Personen
Zubereitungszeit: **40** Minuten
Backzeit: **30** Minuten
Kühlzeit: **2** Stunden
Budget: €

TARTE MIT ORANGENBAISER

1 Grundrezept süßer Mürbeteig (siehe S. 20–21) + 30 g ungesüßtes Kakaopulver oder 1 gekaufter süßer Mürbeteig • 50 g Bitterschokolade (70 % Kakaoanteil)

Für die Orangencreme
4 saftige Orangen • 70 g Puderzucker • 4 Eier • 1 EL Maisstärke • 60 g Butter

Für das Baiser
3 Eiweiß • 70 g Zucker

Außerdem
große Tarteform

1. Den Backofen auf 180 °C vorheizen. Wird der Mürbeteig selbst gemacht, das Kakaopulver hinzufügen (siehe Schritt 1, S. 20) und die Mehlmenge dafür um 30 g reduzieren. Den Tarteboden vorbereiten (siehe S. 12–13) und etwa 30 Minuten vorbacken (siehe S. 15). Die Schokolade schmelzen. Damit der Teig knusprig bleibt, 5 Minuten vor Ende der Backzeit mit der Schokolade bepinseln. Den Tarteboden abkühlen lassen.

2. Für die Orangencreme die Orangen auspressen und den Saft in einen Topf gießen. Den Puderzucker darüberstreuen, vermischen und bei schwacher Hitze erwärmen. Inzwischen die Eier mit der Maisstärke verrühren, zu dem warmen Orangensaft geben und bei mittlerer Hitze unter ständigem Rühren eindicken lassen. Die Butter in Würfel schneiden, hinzugeben und kräftig verrühren. Den Tarteboden mit der Orangencreme bestreichen und 2 Stunden in den Kühlschrank stellen.

3. Den Backofen auf Grillstufe vorheizen. Für das Baiser die Eiweiße steif schlagen, dabei nach und nach den Zucker zugeben. Die Baisermasse auf die gut gekühlte Orangencreme geben und vorsichtig verstreichen.

4. Die Tarte einen kurzen Moment unter den Backofengrill stellen, um das Baiser leicht zu bräunen. Gleich servieren oder im Kühlschrank aufbewahren.

EINFACH

Für **6** Personen
Zubereitungszeit: **20** Minuten
Backzeit: **15–20** Minuten
Kühlzeit: **2** Stunden
Budget: €

SPRITZTEIGTARTELETTES MIT ZITRONENCREME

80 g weiche Butter • 80 g Puderzucker • 2 Eigelb • ½ Vanilleschote • 2 EL Mohnsamen • 100 g Mehl • 1 Msp. Trockenhefe • Fleur de Sel

Für den Belag
½ Rezept süße Sahne (siehe S. 29) • Zitronencreme (siehe S. 23) • Mohnsamen zum Bestreuen (nach Belieben)

Außerdem
6 Backringe (Ø mindestens 5 cm) • Spritzbeutel

1. Für den Spritzteig die weiche Butter mit einem Holzlöffel glatt rühren und den Puderzucker hinzufügen. Nach und nach die Eigelbe einrühren. Die Vanilleschote mit einem kleinen, spitzen Messer der Länge nach aufschneiden, das Vanillemark herauskratzen und mit Mohn, Mehl, Trockenhefe und 2 Prisen Fleur de Sel dazugeben. Mit dem Holzlöffel zu einem gleichmäßigen Teig verarbeiten. Den Teig 5 mm dick ausrollen, in Frischhaltefolie wickeln und 2 Stunden in den Kühlschrank stellen.

2. Für den Belag die süße Sahne zubereiten (siehe S. 29) und kühl stellen. Die Zitronencreme zubereiten (siehe S. 23) und bei Raumtemperatur abkühlen lassen.

3. Den Backofen auf 160 °C vorheizen. Den Teig aus dem Kühlschrank nehmen, die Frischhaltefolie entfernen und mit den nicht eingefetteten Backringen sechs Kreise aus dem Teig ausstechen. Die Spritzteigtartelettes in den Ringen auf ein Backblech setzen und etwa 20 Minuten backen. Auf dem Backblech auskühlen lassen, die Backringe vorsichtig entfernen und die Teigkreise ganz auskühlen lassen.

4. Auf jeden Tarteletteboden etwas Zitronencreme auftragen – am besten mit einem Spritzbeutel – und die süße Sahne darauf anrichten. Nach Belieben mit Mohnsamen bestreuen. Sofort servieren.

TIPP:
Um Zeit zu sparen, kann auch ein fertiger Spritzteig verwendet werden. Dann den Mohn in die abgekühlte Zitronencreme rühren.

EINFACH

Für **6** Personen
Zubereitungszeit: **1** Stunde
Backzeit: **55** Minuten
Budget: €

TARTE TATIN MIT GEWÜRZQUITTEN

1 Grundrezept Blätterteig (siehe S. 18–19) oder 1 gekaufter Blätterteig

Für den Belag
1 Bio-Zitrone • 4 Quitten

Für den Sirup
200 g Zucker • 1 Zimtstange • 1 Sternanis • 3 Kardamomkapseln • 2 Gewürznelken • 1 Pimentkorn

Für den gesalzenen Butterkaramell
100 g Zucker • 40 g Butter • Salz

Außerdem
große Tarteform

Für den Belag die Zitrone waschen, trocken reiben, von der Schale Zesten abschneiden und den Saft auspressen. Die Quitten waschen, schälen, entstielen, halbieren, das Kerngehäuse herausschneiden und das Fruchtfleisch grob würfeln. Mit Zitronensaft mischen.

Alle Zutaten für den Sirup, 1 l Wasser, die Quitten und die Schalen (diese verhindern, dass sich die Quitten dunkel färben) in einem großen Topf aufkochen und bei schwacher Hitze etwa 20 Minuten köcheln lassen. Sobald die Quitten weich sind, in einem Sieb abtropfen lassen, die Garflüssigkeit abgießen.

Den Backofen auf 180 °C vorheizen und die Backform einfetten. Für den Karamell Zucker, 2 EL Wasser und 1 Prise Salz in einem Topf mit dickem Boden bei schwacher Hitze verrühren, bis sich der Zucker auflöst, und ohne weiteres Rühren zum Kochen bringen. Wenn der Karamell goldbraun ist, die Butter in Würfeln dazugeben. Den Karamell auf dem Boden der Backform verteilen. Die abgetropften und abgekühlten Quitten und die Zitronenzesten darauf verteilen. Jedes Fruchtstück gut andrücken. Die Tarte im Ofen 30 Minuten backen.

Den Blätterteig aus dem Kühlschrank nehmen, mit dem Nudelholz 3 mm dick ausrollen. Nach dem Ende der Backzeit der Früchte die Flüssigkeit aus der Backform abgießen. Die Früchte mit dem Blätterteig bedecken, an der Innenwand der Form einen Teigrand formen. Den Teig mehrfach einstechen und etwa 25 Minuten backen. Die Tarte 10 Minuten abkühlen lassen und auf eine Tortenplatte stürzen.

FÜR KÖNNER

Für **6** Personen
Zubereitungszeit: **25** Minuten
Backzeit: **25** Minuten
Ruhezeit: **10** Minuten
Budget: €

TARTE TATIN MIT SCHOKOLADENBANANEN

1 Grundrezept Blätterteig (siehe S. 18-19) oder 1 gekaufter Blätterteig

Für den gesalzenen Butterkaramell
100 g Zucker • 40 g Butter • Salz

Für den Belag
100 g Bitterschokolade (70 % Kakaoanteil) • 50 g Pekannusskerne • 10–12 Minibananen

Außerdem
große Tarteform

1. Für den Karamell Zucker, 2 EL Wasser und 1 Prise Salz in einem Topf mit dickem Boden bei schwacher Hitze verrühren, bis sich der Zucker auflöst, und ohne weiteres Rühren zum Kochen bringen. Wenn der Karamell goldbraun ist, die Butter in Würfeln dazugeben. Den Karamell auf dem Boden der Backform verteilen.

2. Den Backofen auf 200 °C vorheizen. Für den Belag mit einem schweren Messer Schokolade und Pekannüsse in kleine Stücke hacken. Die Minibananen schälen und auf dem Karamell in der Backform verteilen. Die Schokoladen- und Pekannussstückchen darüberstreuen.

3. Den Blätterteig 3 mm dick ausrollen. Die Bananen mit dem Blätterteig bedecken, an der Innenwand der Form einen Teigrand formen. Den Teig in der Mitte ein wenig einritzen, damit der Dampf entweichen kann, und 25 Minuten backen.

4. Die Tarte 10 Minuten ruhen lassen, auf eine Kuchenplatte stürzen und warm servieren.

EINFACH

Für **6** Personen
Zubereitungszeit: **20** Minuten
Backzeit: **40–45** Minuten
Budget: €

APPLE PIE

1 Grundrezept salziger Mürbeteig (siehe S. 16–17) oder 1 gekaufter neutraler Mürbeteig

Für den Belag
6 Äpfel (verschiedene Sorten z. B. Reinette, Granny Smith, Golden Delicious) • 1 Zitrone • 2 EL Mehl • 5 EL Rohrzucker • 2 TL gemahlener Zimt • 40 g Butter + 20 g für die Form

Für die Glasur
1 Ei • 1 EL Rohrzucker

Zum Servieren
6 Kugeln Vanilleeis (nach Belieben)

Außerdem
große Tarteform

1. Den Backofen auf 200 °C vorheizen. Mit dem Nudelholz aus dem Mürbeteig zwei runde Teigscheiben, die etwas größer als die Backform sind, ausrollen und kühl stellen.

2. Die Äpfel waschen, schälen, entkernen und in große Spalten schneiden. Die Zitrone auspressen. Die Apfelspalten in eine Schüssel geben und mit dem Zitronensaft beträufeln. Mehl, Rohrzucker und Zimt darüberstreuen. Sorgfältig vermischen, damit die Äpfel gleichmäßig bedeckt sind.

3. Das Ei aufschlagen, Eiweiß und Eigelb trennen und jeweils leicht verquirlen. Die Backform einfetten, den ersten Teig hineinlegen und dabei darauf achten, dass er leicht wieder aus der Form genommen werden kann. Den Teig mehrfach mit einer Gabel einstechen. Den Rand an der oberen Kante mit dem geschlagenen Eiweiß anfeuchten. Die Äpfel in der Backform verteilen und die Butter in kleinen Flöckchen darübergeben. Mit der zweiten Teigscheibe bedecken und diese fest an den Rand andrücken.

4. In die Mitte des Teiges ein Loch stechen, damit der Dampf beim Backen entweichen kann. Mit dem verquirlten Eigelb bepinseln und den Rohrzucker darüberstreuen. Die Pie im Ofen 40–45 Minuten backen, abkühlen lassen und nach Belieben mit Vanilleeis servieren.

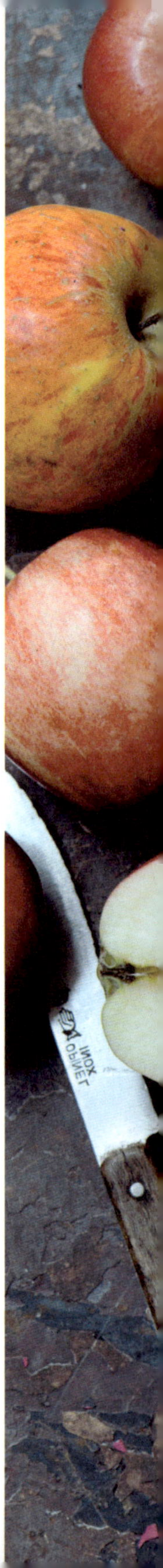

EINFACH

Für **6** Personen
Zubereitungszeit: **20** Minuten
Backzeit: **40** Minuten
Budget: €

ELSÄSSER APFELTARTE

1 Grundrezept salziger Mürbeteig (siehe S. 16–17) oder 1 gekaufter neutraler Mürbeteig • 20 g Butter für die Form

Für den Belag
5 Äpfel (Boskop) • 2 Eier • 50 g Puderzucker • 1 Pck. Vanillezucker • 1 EL Maisstärke • 200 g Crème fraîche

Außerdem
große Tarteform

1. Den Backofen auf 180 °C vorheizen. Die Backform einfetten. Mit einem Nudelholz den Teig auf der leicht bemehlten Arbeitsfläche 3 mm dick ausrollen, in die Form legen, am Rand glatt streichen und mehrmals mit der Gabel einstechen.

2. Für den Belag die Äpfel waschen, schälen, vierteln und das Kerngehäuse entfernen. Die Apfelstücke in etwa 1 cm dicke Scheiben schneiden und gleichmäßig auf dem Teig anordnen.

3. Die Eier mit dem Puderzucker und dem Vanillezucker verquirlen. Die Maisstärke und danach die Crème fraîche dazugeben, gut verrühren und über die Äpfel gießen. Die Tarte im Ofen 40 Minuten backen. Warm oder kalt servieren.

EINFACH

Für **6** Personen
Zubereitungszeit: **25** Minuten
Backzeit: **30** Minuten
Kochzeit: **30–45** Minuten
Budget: €

BIRNENTARTE MIT MARONENCREME

1 Grundrezept süßer Mürbeteig (siehe S. 20–21) + 25 g gemahlene Haselnüsse oder 1 gekaufter süßer Mürbeteig • 1 Eiweiß

Für den Belag
750 ml Weißwein (Riesling) • 3 Zimtstangen • 1 Vanilleschote • 100 g Puderzucker • 3 Birnen • 1 Dose vanillierte Maronencreme (250 g) • 50 g Krokant

Außerdem
lange rechteckige Tarteform

1. Den Backofen auf 180 °C vorheizen. Wird der Mürbeteig selbst gemacht, die gemahlenen Mandeln durch gemahlene Haselnüsse ersetzen (siehe Schritt 1 S. 20). Den Tarteboden vorbereiten (siehe S. 12–13) und etwa 30 Minuten vorbacken (siehe S. 15). Das Eiweiß in einer kleinen Schüssel leicht verschlagen. Damit der Teig knusprig wird, 5 Minuten vor Ende der Backzeit den Teigboden mit dem Eiweiß bepinseln. Den Tarteboden abkühlen lassen.

2. Für den Belag in einem großen Topf 250 ml Wasser, Wein, Zimtstangen, die der Länge nach halbierte Vanilleschote und Puderzucker erhitzen. Die Birnen waschen, schälen, halbieren und das Kerngehäuse entfernen (den Stiel als Dekoration an einer der beiden Hälften stehen lassen). Sobald der Sirup zu kochen beginnt, die Birnen 30–45 Minuten lang darin ziehen lassen. Mit einer Messerspitze prüfen, ob die Birnen fertig sind. Ist das Fruchtfleisch weich, abgießen und abkühlen lassen.

3. Den Tarteboden mit der Maronencreme bestreichen und die Birnenhälften auf der Creme verteilen. Krokantstreusel darüberstreuen und die Tarte servieren.

EINFACH

Für **6** Personen
Zubereitungszeit: **25** Minuten
Backzeit: **30** Minuten
Kühlzeit: **1** Stunde
Budget: €

APFELTARTELETTES MIT GRAPEFRUITCREME

1 Grundrezept süßer Mürbeteig (siehe S. 20–21) oder 1 gekaufter süßer Mürbeteig • 1 Eiweiß

Für die Grapefruitcreme
1 Grapefruit • 1 EL Maisstärke • 80 g Puderzucker • 3 Eier

Für den Belag
2 Äpfel (Pink Lady) • 1 Zitrone

Außerdem
6 kleine quadratische Tarteletteformen

1. Den Backofen auf 180 °C vorheizen. Sechs Tarteletteböden vorbereiten (siehe S. 12–13) und etwa 20 Minuten vorbacken (siehe S. 15). Das Eiweiß in einer kleinen Schüssel leicht verschlagen. Damit der Teig knusprig wird, 5 Minuten vor Ende der Backzeit die Teigböden mit dem Eiweiß bepinseln. Die Tarteletteböden abkühlen lassen.

2. Für die Creme die Grapefruit auspressen und die Kerne herausfiltern. In einer kleinen Schale die Maisstärke in 2 EL Grapefruitsaft auflösen. Die Stärkemischung mit Grapefruitsaft, Puderzucker und Eiern in einen Topf geben und mit dem Schneebesen verrühren. Bei niedriger Temperatur erhitzen, dabei unablässig rühren, bis die Masse andickt. Vom Herd nehmen und abkühlen lassen.

3. Die Tarteletteböden mit der Grapefruitcreme bestreichen und mindestens 1 Stunde in den Kühlschrank stellen. Vor dem Servieren die Äpfel waschen, trocken reiben und mit dem Gemüsehobel oder Sparschäler in feine Scheiben schneiden. Die Zitrone auspressen. Die Apfelscheiben in eine Schüssel geben, den Zitronensaft darübergeben und gut vermischen, damit das Obst nicht braun wird. Die Tartelettes aus dem Kühlschrank nehmen, die Apfelscheiben auf der Grapefruitcreme verteilen und die Tartelettes servieren.

SELBST GEMACHT

TARTES OHNE OBST

EINFACH

Für **6** Personen
Zubereitungszeit: **20** Minuten
Backzeit: **45–50** Minuten
Kühlzeit: **24** Stunden
Budget: €

KÄSEKUCHEN NEW YORKER ART

200 g Butterkekse oder Spekulatius • 60 g Butter • 30 g Rohrzucker

Für die Käsesahne
800 g Frischkäse (St Môret oder Philadelphia) • 140 g Zucker • 3 Eier • 1 Bio-Zitrone • 2 EL Kartoffelstärke • 1 TL flüssige Vanille • 80 g saure Sahne

Für die Rote-Früchte-Coulis
200 g tiefgefrorene rote Früchte • 40 g Puderzucker

Außerdem
große runde oder eckige Springform

1. Den Backofen auf 150 °C vorheizen. Die Butterkekse in der Küchenmaschine oder mit einem Mixer fein zerbröseln. Die Butter in einem Topf bei schwacher Hitze oder ein paar Sekunden in der Mikrowelle zerlassen. Die Keksbrösel mit dem Rohrzucker in eine Schüssel geben, die Butter unterrühren und den Boden der Springform damit auskleiden. Einen Rand formen und gut an den Wänden festdrücken. Die Backform in den Kühlschrank stellen.

2. Für die Käsesahne den Frischkäse und den Zucker im Mixer oder mit dem Handrührgerät 5 Minuten verrühren. Nach und nach die Eier unterrühren. Die Zitrone waschen, trocknen und die Schale abreiben. Kartoffelstärke, Zitronenschale, flüssige Vanille und saure Sahne zur Frischkäsemischung geben und alles gut verrühren.

3. Die Backform aus dem Kühlschrank nehmen, die Käsesahne einfüllen und im Ofen 45–50 Minuten backen. Am Ende der Backzeit muss die Käsesahne in der Mitte noch leicht wackeln. Den Käsekuchen im Ofen bei geschlossener Tür vollständig abkühlen lassen, dann 24 Stunden in den Kühlschrank stellen.

4. Für die Rote-Früchte-Coulis die roten Früchte auftauen und mit dem Puderzucker im Mixer pürieren. Den Käsekuchen aus der Form nehmen, in Stücke schneiden und mit der Rote-Früchte-Coulis servieren.

125
100
75
50

EINFACH

Für **6** Personen
Zubereitungszeit: **20** Minuten
Backzeit: **30–40** Minuten
Kühlzeit: **1** Stunde
Budget: €

TARTE MIT KONDITORPUDDING

1 Grundrezept salziger Mürbeteig (siehe S. 16–17) oder 1 gekaufter neutraler Mürbeteig

Für den Pudding
800 ml Vollmilch • 1 Vanilleschote • 4 Eier • 160 g Zucker • 120 g Maisstärke • 200 g Sahne

Außerdem
große Tarteform

1. Den Mürbeteig mit einem Nudelholz 3 mm dick ausrollen. Eine Tarteform damit auskleiden und in den Kühlschrank stellen.

2. Den Backofen auf 200 °C vorheizen. In einem Topf die Milch mit der längs halbierten Vanilleschote zum Kochen bringen und beiseitestellen. Die Eier mit dem Zucker und der Maisstärke in einer Schüssel verquirlen. Die Sahne dazugießen und untermischen. Die Vanilleschote aus der Milch herausnehmen, das Vanillemark mit einem kleinen, spitzen Messer herauskratzen und wieder in den Topf geben. Die heiße Milch nach und nach zur Eier-Sahne-Mischung gießen und verrühren. Alles wieder in den Topf geben und bei mittlerer Hitze 1–2 Minuten unter ständigem Rühren kochen lassen. Wenn die Masse angedickt ist, den Herd ausschalten. Zum Abkühlen den Topf in ein Eiswasserbad stellen.

3. Den Tarteboden aus dem Kühlschrank nehmen, den Pudding darauf verteilen und im Ofen 30–40 Minuten backen. Wenn der Pudding goldfarben ist, die Backform aus dem Ofen nehmen und die Tarte bei Raumtemperatur abkühlen lassen. Die Puddingtarte vor dem Servieren 1 Stunde in den Kühlschrank stellen.

EINFACH

Für **6** Personen
Zubereitungszeit: **10** Minuten
Backzeit: **15–20** Minuten
Budget: €

KLEINE ZAHLENTARTES

1 Grundrezept süßer Mürbeteig (siehe S. 20–21) oder 1 gekaufter süßer Mürbeteig

Für die Garnitur
1 Ei • 1 Glas Erdbeerkonfitüre (370 g)

1. Den Backofen auf 180 °C vorheizen. Den Mürbeteig mit dem Nudelholz ausrollen und in Quadrate von etwa 6 × 6 cm schneiden. Das Ei in einer kleinen Schüssel leicht verquirlen. Mit Förmchen Zahlen oder andere Figuren aus einer Teighälfte ausstechen, sodass der Untergrund sichtbar wird. Auf die andere Teighälfte etwas Erdbeerkonfitüre auftragen und wie eine Blätterteigtasche zuklappen. Mit der Gabel die Kanten aufeinanderdrücken und mit einem Pinsel das geschlagene Ei auftragen.

2. Die Zahlentartes auf ein mit Backpapier ausgelegtes Backblech legen und 15–20 Minuten backen, bis sie goldbraun sind.

EINFACH

Für **6** Personen
Zubereitungszeit: **15** Minuten
Backzeit: **40** Minuten
Kühlzeit: **2** Stunden
Budget: €

TARTE MIT SCHOKOPUFFREIS UND WEISSER SCHOKOLADE

1 Grundrezept süßer Mürbeteig (siehe S. 20–21) + 30 g ungesüßtes Kakaopulver oder 1 gekaufter süßer Mürbeteig

Für den Belag
200 g weiße Schokolade • 200 g Sahne • 2 Eigelb • 25–30 g Schokopuffreis

Außerdem
lange rechteckige Tarteform

1. Den Backofen auf 180 °C vorheizen. Wird der Mürbeteig selbst gemacht, das Kakaopulver hinzufügen (siehe Schritt 1, S. 20) und die Mehlmenge dafür um 30 g reduzieren. Den Tarteboden vorbereiten (siehe S. 12–13) und etwa 20 Minuten blindbacken (siehe S. 14).

2. Die Schokolade mit einem schweren Messer hacken und in eine Schüssel geben. Die Sahne stark erhitzen und über die Schokolade gießen. Die Eigelbe nacheinander unter kräftigem Rühren dazugeben, dann vorsichtig den Schokopuffreis unterziehen. Die Mischung auf den Tarteboden streichen und im Ofen 20 Minuten backen. Durch Antippen prüfen, ob die Tarte fertig ist – sie sollte in der Mitte noch weich sein. Bei Raumtemperatur abkühlen lassen und vor dem Servieren mindestens 2 Stunden in den Kühlschrank stellen.

EINFACH

Für **6** Personen
Zubereitungszeit: **15** Minuten
Backzeit: **50** Minuten
Kühlzeit: **1** Stunde
Budget: €

TARTE AU CHOCOLAT

1 Grundrezept süßer Mürbeteig (siehe S. 20–21) oder 1 gekaufter süßer Mürbeteig

Schokoladenbuttercreme
250 g Bitterschokolade (70 % Kakaoanteil) • 80 ml Milch • 12 g Butter • 200 g Sahne • 2 Eier

Außerdem
große Tarteform

1. Den Backofen auf 180 °C vorheizen. Den Tarteboden vorbereiten (siehe S. 12–13) und etwa 30 Minuten vorbacken (siehe S. 15).

2. Für die Schokoladenbuttercreme die Schokolade mit einem schweren Messer hacken und in eine Schüssel geben. Milch, Butter und Sahne in einem Topf erhitzen und über die Schokolade gießen. Vorsichtig mit dem Schneebesen verrühren, dabei darauf achten, dass sich keine Luftblasen bilden. Die Eier leicht verquirlen und dazugeben.

3. Die Schokoladencreme auf dem Tarteboden verteilen und 20 Minuten in den ausgeschalteten, vom Backen des Teiges noch warmen Ofen stellen. Prüfen, ob die Tarte fertig ist – die Creme sollte in der Mitte noch weich sein. Bei Raumtemperatur abkühlen lassen, dann mindestens 1 Stunde in den Kühlschrank stellen.

FÜR KÖNNER

Für **6** Personen
Zubereitungszeit: **40** Minuten
Backzeit: **25–30** Minuten
Ruhezeit: **2** Stunden **30** Minuten
Budget: €

ZUCKERTARTE

10 g Hefe • 100 ml lauwarme Milch • 250 g Mehl • 125 g weiche Butter + 10 g für die Form • 2 Eier • 30 g Zucker

Für den Belag
150 g brauner Zucker • 100 g Crème fraîche • 1 TL Orangenblütenwasser (nach Belieben) • 50 g Butter

Außerdem
große Tarteform

1. Zuerst den Teig zubereiten. Die Hefe in der Milch auflösen und 5 Minuten ruhen lassen. Das Mehl in eine Schüssel geben und in der Mitte eine Mulde bilden. Die weiche Butter in Würfel schneiden und mit Eiern, Zucker und der Hefemischung in die Mulde geben. Alles zu einem gleichmäßigen Hefeteig vermischen. Eine Teigkugel formen, mit einem sauberen Küchentuch abdecken und an einem warmen Ort 2 Stunden ruhen lassen, bis der Teig sein Volumen verdoppelt hat.

2. Durch gründliches Kneten die Luft aus dem Teig drücken. Eine Backform einfetten und mit Mehl bestäuben. Den Teig mit dem Nudelholz 1 cm dick ausrollen und den Boden der Backform damit belegen, den Rand der Form aber frei lassen. Noch einmal 30 Minuten an einem warmen Ort ruhen lassen.

3. Den Backofen auf 180 °C vorheizen. Für den Belag mit dem Daumen etwa 15 Vertiefungen in den Teig drücken und den Zucker darüberstreuen. Die Crème fraîche mit dem Orangenblütenwasser mischen und auf dem Teig verteilen. Die Butter in kleinen Würfeln darübergeben und die Zuckertarte 25–30 Minuten backen. Warm oder kalt servieren.

EINFACH

Für **6** Personen
Zubereitungszeit: **20** Minuten
Backzeit: **50–60** Minuten
Budget: €

VANILLE-KAFFEE-TARTELETTES

1 Grundrezept süßer Mürbeteig (siehe S. 20–21) + 1 TL Kaffee-Extrakt oder 1 gekaufter süßer Mürbeteig

Für die Creme
1 Vanilleschote • 250 g Mascarpone • 150 g Puderzucker • 4 Eier

Außerdem
6 kleine Tarteletteformen

1. Den Backofen auf 180 °C vorheizen. Wird der Mürbeteig selbst gemacht, den Kaffee-Extrakt zum leicht geschlagenen Ei (siehe Schritt 2, S. 20) hinzugeben. 6 Tarteletteböden vorbereiten (siehe S. 12–13) und etwa 15 Minuten blindbacken (siehe S. 14).

2. Für die Creme mit dem Messerrücken die Vanilleschote flach drücken, der Länge nach halbieren und mit der Klinge das Vanillemark herauskratzen.

3. In einer Schüssel den Mascarpone mit dem Puderzucker verrühren, nacheinander die Eier dazugeben und das Vanillemark unterrühren. Die Creme auf den Tarteletteböden verstreichen und im Ofen 35–45 Minuten backen. Die Tartelettes sind fertig, wenn sich der Teig nicht mehr leicht eindrücken lässt. Nach dem Abkühlen servieren.

TIPP:
Sollten die Tartelettes während des Backens zu dunkel werden, mit Backpapier abdecken.

EINFACH

Für **6** Personen
Zubereitungszeit: **20** Minuten
Backzeit: **1** Stunde **15** Minuten
Budget: €

PEKANNUSSTARTE

1 Grundrezept süßer Mürbeteig (siehe S. 20–21) oder 1 gekaufter süßer Mürbeteig

Für den Belag
350 g Pekannusskerne • 3 Eier • 150 g Honig • 180 g Rohrzucker • 50 g Butter • 50 ml Ahornsirup • Fleur de Sel

Zum Servieren
6 Kugeln Mokkaeis

Außerdem
große Tarteform

1. Den Backofen auf 180 °C vorheizen. Den Tarteboden vorbereiten (siehe S. 12–13) und etwa 20 Minuten blindbacken (siehe S. 14).

2. Für den Belag 180 g Pekannüsse mit einem Messer grob hacken. In einer Schüssel Eier, Honig und Rohrzucker mischen. Die Butter in einem Topf bei schwacher Hitze oder einige Sekunden in der Mikrowelle zerlassen und zu der Mischung geben. Die gehackten Pekannüsse, 2 Prisen Fleur de Sel und den Ahornsirup dazugeben. Alles sorgfältig verrühren und auf dem Tarteboden verstreichen.

3. Die ganzen Pekannüsse darauf verteilen und die Tarte im Ofen etwa 45 Minuten backen. Die Tarte auskühlen lassen und mit je einer Kugel Mokkaeis servieren.

EINFACH

Für **6** Personen
Zubereitungszeit: **25** Minuten
Backzeit: **30** Minuten
Kühlzeit: **1** Stunde
Budget: €

TARTE MIT PRALINES ROUGES

1 Grundrezept süßer Mürbeteig (siehe S. 20–21) oder 1 gekaufter süßer Mürbeteig

Für den Belag
200 g Pralines rouges (franz. Spezialität, alternativ gebrannte Mandeln) • 200 g Sahne

Außerdem
große Tarteform

1. Den Backofen auf 180 °C vorheizen. Den Tarteboden vorbereiten (siehe S. 12–13) und etwa 30 Minuten vorbacken (siehe S. 15). Den Tarteboden abkühlen lassen.

2. Die *Pralines rouges* in einem Mörser zerkleinern oder mit dem Messer hacken. Die Sahne in einen Topf geben, die zerkleinerten *Pralines* hinzufügen und 10 Minuten köcheln lassen, dabei ab und zu mit dem Schneebesen umrühren. Die Sahne sollte eindicken, beim Rühren sollte der Topfboden zu sehen sein.

3. Den Tarteboden mit der Pralinensahne bestreichen und abkühlen lassen. Vor dem Servieren 1 Stunde in den Kühlschrank stellen.

EINFACH

Für **6** Personen
Zubereitungszeit: **15** Minuten
Backzeit: **20** Minuten
Budget: €

CAPPUCCINOTARTELETTES

1 Grundrezept süßer Mürbeteig (siehe S. 20–21) + 30 g ungesüßtes Kakaopulver oder 1 gekaufter süßer Mürbeteig

Für die Tonkasahne
½ Rezept süße Sahne (siehe S. 29) • ½ Tonkabohne

Zum Servieren
6 Kugeln Mokkaeis • 2 TL Kakaopulver

Außerdem
6 kleine Tartelettefomen

1. Den Backofen auf 180 °C vorheizen. Wird der Mürbeteig selbst gemacht, das Kakaopulver hinzufügen (siehe Schritt 1, S. 20) und die Mehlmenge dafür um 30 g reduzieren. Sechs Tarteletteböden vorbereiten (siehe S. 12–13) und ca. 20 Minuten vorbacken (siehe S. 15). Die Tarteletteböden auskühlen lassen.

2. Inzwischen die süße Sahne zubereiten (siehe S. 29). Die Tonkabohne raspeln und zum Vanillemark geben (siehe Schritt 1, S. 29).

3. Auf jeden Tartelettebođen eine Kugel Mokkaeis setzen, mit Tonkasahne garnieren und das Kakaopulver darübersieben. Sofort servieren.

FÜR KÖNNER

Für **6** Personen
Zubereitungszeit: **30** Minuten
Backzeit: **20** Minuten
Kühlzeit: **2** Stunden
Budget: €

TARTELETTES MONT-BLANC GETRÜFFELT MIT FERRERO ROCHER

80 g weiche Butter • 80 g Puderzucker • 2 Eigelb • ½ Vanilleschote • 100 g Mehl • 1 Msp. Trockenhefe • Fleur de Sel

Für den Belag
100 g ungesüßtes Maronenpüree • 150 g Maronencreme • 40 g weiche Butter • 1 TL Vanilleextrakt • 1 TL Whiskey oder Cognac (nach Belieben) • 6 Pralinen (Ferrero Rocher)

Außerdem
6 Backringe (Ø 5 cm) • Spritzbeutel mit Vermicelles-Tülle

1. Mit einem Holzlöffel die weiche Butter, 2 Prisen Fleur de Sel und den Puderzucker gründlich vermischen. Die Eigelbe nacheinander einrühren. Die Vanilleschote mit einem kleinen, spitzen Messer der Länge nach aufschneiden, das Vanillemark herauskratzen und mit Mehl und Trockenhefe hinzufügen. Mit dem Holzlöffel zu einem gleichmäßigen Teig verarbeiten. Den Teig 5 mm dick ausrollen, in Frischhaltefolie wickeln und 2 Stunden in den Kühlschrank stellen.

2. Den Backofen auf 160 °C vorheizen. Die Frischhaltefolie entfernen und mit den nicht eingefetteten Backringen 6 Scheiben aus dem Teig stechen und auf ein Backblech legen. Die Teigkreise in den Backringen etwa 20 Minuten backen. Auf einem Kuchengitter abkühlen lassen, dann vorsichtig die Backringe entfernen.

3. Für den Belag Maronenpüree, Maronencreme und Butter in der Küchenmaschine oder mit dem Handrührgerät zu einer homogenen, weichen Mischung verrühren. Vanilleextrakt und Whiskey oder Cognac hinzufügen und gut vermischen. In einen Spritzbeutel mit einer Tülle für Vermicelles füllen und kühl stellen.

4. Auf die Tarteletteböden das Maronenpüree spritzen und mit einer Praline garnieren. Servieren oder kühl stellen.

TIPP:
Spritztüllen für Vermicelles sind in gut sortierten Haushaltswarengeschäften erhältlich.

FÜR KÖNNER

Für **6** Personen
Zubereitungszeit: **25** Minuten
Kühlzeit: **1** Stunde
Budget: €

TARTE MIT QUINOA, SCHOKOLADE UND HIBISKUS

40 g Rohrzucker • 50 g Butter + 20 g für die Form • 2 EL flüssiger Honig • 60 g Quinoa

Für die Creme
120 g Sahne • 3 TL getrocknete Hibiskusblüten • 200 g Vollmilchschokolade (35 % Kakaoanteil)

Außerdem
kleine Tarteform (Ø 20 cm)

1. Für den Tarteboden Zucker, Butter und Honig zum Kochen bringen. Den Topf vom Herd nehmen, die Quinoa dazugeben, und gut vermischen. Die Tarteform einfetten und den Teig hineingeben, gut andrücken und dabei am Rand der Form hochziehen. Kühl stellen.

2. Für die Creme in einem kleinen Topf die Sahne mit den Hibiskusblüten erhitzen. Sobald sie zu kochen beginnt, den Herd abschalten und die Blüten mindestens 10 Minuten ziehen lassen. Die Sahne durch ein kleines Sieb gießen.

3. Die Schokolade mit einem schweren Messer hacken, in eine Schüssel geben und die Sahne darübergießen. Mit einem Schneebesen verrühren, ohne Luft unterzuschlagen. Die Creme auf dem Tarteboden verteilen. Vor dem Servieren 1 Stunde in den Kühlschrank stellen.

EINFACH

Für **6** Personen
Zubereitungszeit: **30** Minuten
Backzeit: **1** Stunde **10** Minuten
Kühlzeit: **2** Stunden
Budget: €

QUARKTARTE MIT LIMETTE

1 Grundrezept süßer Mürbeteig (siehe S. 20–21) + 1 Vanilleschote oder 1 gekaufter süßer Mürbeteig • 1 Eiweiß

Für die Quarkcreme
500 g Quark (40 %) • 3 Eigelb • 110 g Zucker • 50 g Mehl • 100 g Sahne • abgeriebene Schale von 1 Bio-Limette • 3 Eiweiß • Salz

Zum Servieren
30 g Puderzucker

Außerdem
große Tarteform

1. Den Backofen auf 180 °C vorheizen. Wird der Mürbeteig selbst gemacht, die Vanilleschote mit dem Messerrücken flach drücken, der Länge nach halbieren, mit der Klinge das Vanillemark herauskratzen und dem Teig hinzufügen (siehe Schritt 1, S. 20). Den Tarteboden vorbereiten (siehe S. 12–13) und etwa 20 Minuten blindbacken (siehe S. 14). Das Eiweiß in einer kleinen Schüssel leicht verschlagen. Damit der Teig knusprig wird, 5 Minuten vor Ende der Backzeit den Teigboden mit dem Eiweiß bepinseln.

2. Für die Quarkcreme in einer Schüssel Quark, Eigelbe, Zucker, Mehl, Sahne und Limettenschale vermischen. In einer zweiten Schüssel das Eiweiß mit 1 Prise Salz zu Eischnee schlagen. Unter die Quarkmischung ziehen.

3. Die Quarkcreme in die Backform gießen und im Ofen 40–45 Minuten backen. Die Tarte ist fertig, wenn die Quarkmasse nicht mehr wackelt. Wird die Oberfläche während des Backens zu schnell braun, mit Backpapier abdecken. Die Tarte bei Raumtemperatur abkühlen lassen, dann für 2 Stunden in den Kühlschrank stellen. Vor dem Servieren mit Puderzucker bestäuben.

FÜR KÖNNER

Für **6** Personen
Zubereitungszeit: **45** Minuten
Backzeit: **20–25** Minuten
Ruhezeit: **2** Stunden
Budget: €

TARTE SAINT-TROPEZ

100 ml Milch • 15 g Hefe • 250 g Mehl (Type 405) • 40 g Zucker • 1 Ei • 60 g weiche Butter + 20 g für das Backblech • 1 TL Salz

Für den Belag
Konditorcreme (siehe S. 26–27) • 4 TL Orangenblütenwasser • 100 g kalte Sahne

Für die Kruste
1 Ei • 50 g Hagelzucker • 20 g Puderzucker

1. Die Milch in einem kleinen Topf erwärmen. Die zerkrümelte Hefe in der lauwarmen Milch auflösen. In einer Schüssel Mehl, Zucker und Salz vermischen und in der Mitte eine Mulde bilden. Die Hefemischung und das Ei hineingeben. Alles zu einem Teig vermischen, dann nach und nach die weiche Butter einarbeiten. Den Teig etwa 10 Minuten kneten, bis er glatt und elastisch ist. Mit einem Geschirrtuch abdecken und 1 Stunde an einem warmen Ort gehen lassen, bis der Teig sein Volumen verdoppelt hat.

2. Nach der Ruhezeit den Teig wenden, damit er wieder etwas zusammenfällt und mindestens 15 Minuten in den Kühlschrank stellen. Die Arbeitsfläche leicht mit Mehl bestäuben und den Teig mit dem Nudelholz auf etwa 26 cm Durchmesser ausrollen. Auf ein eingefettetes und bemehltes Backblech legen, mit einem Geschirrtuch bedecken und noch einmal etwa 45 Minuten gehen lassen. Den Backofen 15 Minuten lang auf 180 °C vorheizen.

3. Für den Belag die Konditorcreme zubereiten (siehe S. 26–27) und mit Orangenblütenwasser aromatisieren. Mit Frischhaltefolie so abdecken, dass die Folie die Oberfläche der Creme berührt. In den Kühlschrank stellen.

4. Für die Kruste das Ei leicht verschlagen und den Teigboden damit bepinseln. Den Hagelzucker daraufstreuen und den Teig im Ofen 20–25 Minuten backen. Das Backblech herausnehmen und den Tarteboden abkühlen lassen.

5. Die kalte Sahne schlagen (siehe S. 29) und unter die Konditorcreme heben. Den Tarteboden in der Mitte quer durchschneiden und die obere Hälfte abheben. Die Creme auf die untere Hälfte von der Mitte aus zu den Rändern hin verstreichen und die obere Hälfte wieder auflegen. Mit Puderzucker bestreuen.

EINFACH
Für **6** Personen
Zubereitungszeit: **15** Minuten
Backzeit: **35–40** Minuten
Budget: €

SCHOKOLADENTARTE MIT PRALINENFÜLLUNG

1 Grundrezept süßer Mürbeteig (siehe S. 20–21) oder 1 gekaufter süßer Mürbeteig

Für den Belag
150 g Bitterschokolade (70 % Kakaoanteil) • 80 g Butter • 4 Eier • 40 g Zucker • 2 gestrichene EL Mehl • 12 Nugatpralinen

Außerdem
große Tarteform

1. Den Backofen auf 180 °C vorheizen. Den Tarteboden vorbereiten (siehe S. 12–13) und etwa 20 Minuten blindbacken (siehe S. 14).

2. Für den Belag die Bitterschokolade mit einem schweren Messer hacken. Die Butter würfeln. Schokoladenstückchen und Butterwürfel in einer Schüssel über einem Topf mit kochendem Wasser schmelzen. Eier und Zucker in einer weiteren Schüssel verrühren, das Mehl hineinsieben und die Schokoladen-Butter-Mischung unterrühren.

3. Die Hälfte der Schokoladencreme auf dem Tarteboden verstreichen. Die Pralinen darauf verteilen. Dann den Rest der Creme darübergießen und glatt streichen. Die Tarte im Ofen 15–20 Minuten backen und sofort servieren.

EINFACH

Für **9** Stück
Zubereitungszeit: **15** Minuten
Backzeit: **20** Minuten
Kühlzeit: **1** Stunde
Budget: €

SCHOKOLADEN-KARAMELL-TARTELETTES

1 Grundrezept süßer Mürbeteig (siehe S. 20–21) oder 2 gekaufte süße Mürbeteige

Für den Belag
200 g Praliné-Milchschokolade (35 % Kakaoanteil) • 20 Karamellkaubonbons • 200 g Sahne • 100 g ungesalzene Erdnusskerne

Außerdem
Tarteform mit 9 Mulden

1. Den Backofen auf 180 °C vorheizen. Neun Tarteletteböden vorbereiten (siehe S. 12–13) und in der Form etwa 20 Minuten vorbacken (siehe S. 15).

2. Die Schokolade mit einem schweren Messer hacken. Die Karamellkaubonbons mit der Sahne in einer Schüssel über einem Topf mit kochendem Wasser schmelzen. Die Schokoladenstückchen dazugeben und alles vermischen. Sobald die Mischung geschmolzen ist, vom Herd nehmen.

3. Die Erdnüsse mit einem Messer grob hacken, bis auf einige zum Garnieren zur Schokoladen-Karamell-Mischung geben und gut verrühren.

4. Die Scholokadencreme auf den Tarteletteböden verteilen und mit den übrigen gehackten Erdnüssen bestreuen. Abkühlen lassen und vor dem Servieren mindestens 1 Stunde in den Kühlschrank stellen.

LES TORDANTES

EINFACH

Für **6** Personen
Zubereitungszeit: **40** Minuten
Backzeit: **20** Minuten
Kühlzeit: **2** Stunden
Budget: €

TARTELETTES MIT GESALZENEM KARAMELL UND POPCORN

1 Grundrezept süßer Mürbeteig (siehe S. 20–21) oder 1 gekaufter süßer Mürbeteig • 1 Eiweiß

Für den gesalzenen Karamell
180 g Sahne • 200 g Zucker • 120 g Butter • Salz

Für das Schokoladen-Popcorn
1 EL Öl • 2 EL Popcornmais • 100 g Bitterkuvertüre (70 % Kakaoanteil)

Außerdem
6 kleine Tarteletteformen

1. Den Backofen auf 180 °C vorheizen. Sechs Tarteletteböden vorbereiten (siehe S. 12–13) und etwa 20 Minuten vorbacken (siehe S. 15). Das Eiweiß in einer kleinen Schüssel leicht verschlagen. Damit der Teig knusprig wird, 5 Minuten vor Ende der Backzeit die Teigböden mit dem Eiweiß bepinseln. Die Tarteletteböden abkühlen lassen.

2. Für den Karamell die Sahne in einem Topf zum Kochen bringen. Den Zucker in einem zweiten Topf mit dickem Boden schmelzen, bis er eine schöne Karamellfarbe angenommen hat. Die Butter und ¼ TL Salz dazugeben, gut umrühren, dann die heiße Sahne darübergießen. Erneut rühren und abkühlen lassen.

3. Für das Schokoladen-Popcorn in einem großen Topf das Öl erhitzen. Die Maiskörner hineinschütten und den Topf zudecken. Wenn das erste Maiskorn platzt, die Temperatur reduzieren, um zu vermeiden, dass die Maiskörner anbrennen, bevor alle aufgegangen sind. Für die Garnitur etwas Popcorn zur Seite stellen.

4. Die Kuvertüre in einer Schüssel über einem Topf mit kochendem Wasser schmelzen. Das restliche Popcorn auf einem Bogen Backpapier verteilen. Die Kuvertüre unter ständigem Rühren über das Popcorn gießen und abkühlen lassen.

5. Die Karamellmasse auf den Tarteletteböden verteilen und diese 2 Stunden in den Kühlschrank stellen, bis der Karamell leicht erstarrt. Er bleibt ein bisschen flüssig. Vor dem Servieren mit weißem Popcorn und Schokoladen-Popcorn verzieren.

EINFACH

Für **6** Personen
Zubereitungszeit: **15** Minuten
Backzeit: **45–50** Minuten
Kühlzeit: **2** Stunden
Budget: €

KNUSPRIGE SCHOKO-MARONEN-TARTE

1 Grundrezept süßer Mürbeteig (siehe S. 20–21) oder 1 gekaufter süßer Mürbeteig • 1 Eiweiß

Für den Belag
400 g Sahne • 2 Eigelb • 2 Eier • 20 g Zucker • 150 g gesüßte Maronencreme • 80 g Bitterschokolade (70 % Kakaoanteil)

Außerdem
lange rechteckige Tarteform

1. Den Backofen auf 180 °C vorheizen. Den Tarteboden vorbereiten (siehe S. 12–13) und etwa 20 Minuten blindbacken (siehe S. 14). Das Eiweiß in einer kleinen Schüssel leicht verschlagen. Damit der Teig knusprig wird, 5 Minuten vor Ende der Backzeit den Teigboden mit dem Eiweiß bepinseln.

2. Für den Belag in einem Topf die Sahne erhitzen, ohne sie zum Kochen zu bringen. In einer Schüssel die Eigelbe und die Eier mit dem Zucker verrühren. Die heiße Sahne dazugießen, dabei ständig weiterrühren. Die Maronencreme unterrühren und die Mischung auf dem Tarteboden verteilen. 25–30 Minuten backen. Die Creme sollte noch etwas weich sein. Die Tarte vollständig abkühlen lassen.

3. Die Schokolade mit einem schweren Messer hacken. Die Schokoladenstücke in einer Schüssel über einem Topf mit kochendem Wasser schmelzen. Die Maronencreme mit einer feinen Schokoladenschicht überziehen. Die Tarte vor dem Servieren 2 Stunden im Kühlschrank abkühlen lassen.

EINFACH

Für **12** Stück
Zubereitungszeit: **20** Minuten
Backzeit: **20** Minuten
Budget: €

WEIHNACHTSPASTETCHEN – PASTÉIS DE NATA

1 Grundrezept Blätterteig (siehe S. 18–19) oder 1 gekaufter Blätterteig • 10 g Butter

Für den Belag
1 Vanilleschote • 500 ml Milch • 15 g Butter • 250 g Zucker • 30 g Maisstärke • 1 Ei • 3 Eigelb • Salz

Zum Bestreuen
1 EL gemahlener Zimt

Außerdem
Muffinform mit 12 Mulden

1. Den Backofen auf 240 °C vorheizen. Die Mulden einfetten. Den Blätterteig mit einem Nudelholz 3 mm dick ausrollen. Zwölf Kreise in der Größe der Mulden ausschneiden. Die Teigscheiben in die Mulden legen, dabei mit den Fingerspitzen gut andrücken. Mit einer Gabel mehrfach einstechen.

2. Für den Belag die Vanilleschote mit dem Messerrücken flach drücken, der Länge nach aufschneiden und mit einem kleinen, spitzen Messer das Vanillemark herauskratzen. In einem Topf Milch, Butter, Vanilleschote und Vanillemark erhitzen. Sobald die Milch zu kochen beginnt, die Vanilleschote herausnehmen und Zucker, 1 Prise Salz und Maisstärke einrühren. Aufkochen und so lange köcheln lassen, bis die Mischung andickt. Den Topf vom Herd nehmen und ein paar Minuten unter weiterem Rühren abkühlen lassen. Ei und Eigelbe dazugeben und mit dem Schneebesen gründlich vermischen. Die Backformen zu zwei Drittel mit der Creme füllen.

3. Im Ofen 20 Minuten backen. Die Pastetchen sind fertig gebacken, wenn der Teig knusprig und die Creme an der Oberfläche gut gebräunt ist. Die Pastetchen auskühlen lassen, dann aus den Mulden lösen und vor dem Servieren mit Zimt bestäuben.

FÜR KÖNNER

Für **6** Personen
Zubereitungszeit: **20** Minuten
Backzeit: **35** Minuten
Budget: €

DREIKÖNIGSKUCHEN MIT SCHOKOLADE

1 Grundrezept Blätterteig (siehe S. 18–19) oder 1 gekaufter Blätterteig

Für den Belag
Mandelcreme (siehe S. 28) • 70 g Bitterschokolade (70 % Kakaoanteil)

Für den Überzug
1 Eigelb

Außerdem
große Tarteform

1. Den Backofen auf 200 °C vorheizen. Den Blätterteig mit einem Nudelholz 3 mm dick ausrollen. Zwei Teigkreise ausschneiden und in den Kühlschrank stellen.

2. Für den Belag die Mandelcreme zubereiten (siehe S. 28). Mit einem schweren Messer die Schokolade hacken. In einer Schüssel über einem Topf mit kochendem Wasser schmelzen und unter die Mandelcreme rühren.

3. Eine Blätterteigscheibe aus dem Kühlschrank nehmen und mehrfach mit einer Gabel einstechen. Auf einen mit Backpapier bedeckten Backofenrost legen. Mit der Mandel-Schoko-Creme bestreichen, dabei rundherum etwa 3 cm frei lassen. Das Eigelb mit ein wenig Wasser verquirlen, den freien Teigrand damit bepinseln. Die zweite Blätterteigscheibe darüberlegen und rundum andrücken, um die beiden Teigscheiben fest miteinander zu verbinden.

4. Die gesamte Oberfläche mit dem restlichen Eigelb bepinseln. In die Mitte des Kuchens ein kleines Loch stechen und die Oberfläche mit einem Rautenmuster verzieren. Bei 200 °C 10 Minuten backen, dann die Temperatur auf 180 °C reduzieren und weitere 20 Minuten backen. Auf dem Backofenrost abkühlen lassen, dann servieren.

EINFACH

Für **9** Stück
Zubereitungszeit: **30** Minuten
Backzeit: **10–15** Minuten
Budget: €

MILCHGRIESS-TARTELETTES

6 Blätter Brick- oder Filoteig • 40 g Butter

Für den Belag
1 l Vollmilch • 150 g Sahne • 1 Vanilleschote • 1 Ei • 2 Eigelb • 140 g Zucker • 80 g feiner Grieß

Außerdem
1 Backform mit 9 Mulden • Hülsenfrüchte

1. Den Ofen auf 180 °C vorheizen. Die Teigblätter vorsichtig ausbreiten. Die Butter in der Mikrowelle oder einem kleinen Topf bei schwacher Hitze zerlassen. Die Teigblätter mit der Butter bestreichen und jeweils drei davon aufeinanderlegen. Neun Teigscheiben ausschneiden, die groß genug sind, dass sie die Mulden der Backform bedecken.

2. Die Mulden einfetten. Die Teigscheiben in die Formen legen, mit Backpapier abdecken, mit Hülsenfrüchten beschweren und im Ofen 10–15 Minuten backen, bis sie goldbraun sind. Das Backpapier und die Hülsenfrüchte entfernen und die Tarteletteböden abkühlen lassen.

3. Für den Belag Milch, Sahne und die längs halbierte Vanilleschote erhitzen, aber nicht zum Kochen bringen. Das Ei und die Eigelbe mit dem Zucker so lange verrühren, bis die Mischung weiß wird. Die heiße Milch hinzugeben, dabei unablässig weiterrühren. Alles in einen Topf geben, den Grieß hineinstreuen und bei schwacher Hitze 5 Minuten köcheln lassen, dabei ständig weiterrühren, damit die Grießmischung nicht überkocht.

4. Die Vanilleschote herausnehmen und den Milchgrieß auf den Tarteletteböden verteilen. Heiß oder kalt servieren.

GLOSSAR

AHORNSIRUP
Für Ahornsirup zapft man den Saft der Zuckerahornbäume ab und kocht ihn ein. In den USA und Kanada wird er schon lange verwendet, vor allem zum Frühstück auf Pancakes und Waffeln, aber auch zu herzhaften und salzigen Speisen. Allmählich setzt sich das natürliche Süßungsmittel auch in Europa als Ersatz für Zucker oder Honig durch.

BRICKTEIG UND FILOTEIG
Diese hauchdünnen Teigblätter werden in der nordafrikanischen Küche fein gefüllt als »Brick« genossen. Am ehesten lässt sich der Teig mit unserem Blätterteig vergleichen. Man bekommt die Teigblätter in Spezialgeschäften für nordafrikanische Lebensmittel und im Online-Versand. Der griechische Filoteig (oder türkische Yufkateig) ist ein guter Ersatz und im griechischen Lebensmittelgeschäft, im Feinkostladen und in großen Supermärkten zu bekommen. Alle Teige eignen sich sowohl für süße als auch für pikante Zubereitungen.

EISCHNEE
Wichtig ist, dass er richtig steif ist. Dafür zunächst die Eier vorsichtig aufschlagen und trennen, dabei darauf achten, dass sich kein Fett oder Eigelb unter das Eiweiß mischt. Auch Schüssel und Schneebesen müssen sauber und fettfrei sein. Das Eiweiß mit den Schneebesen des Handrührgeräts oder in der Küchenmaschine zunächst bei mittlerer Geschwindigkeit 1 Minute schlagen, dann auf höchster Stufe so lange weiterschlagen, bis sich beim Herausziehen der Schneebesen Spitzen bilden, die stehen bleiben.

KONDENSMILCH, GEZUCKERTE
Hier wird der Milch nach dem Kondensieren bzw. Einkochen Zucker beigegeben. Sie ist etwas dunkler und cremiger und wird gerne zum Backen verwendet. Man bekommt sie in Dosen oder Tuben in gut sortierten Supermärkten.

MARONENCREME
Sie wird aus Esskastanien und Zucker hergestellt, ist ein typisch französisches Produkt, aber auch in Italien als Brotaufstrich oder Zutat für Süßspeisen und Gebäck sehr beliebt. Bei uns ist sie in großen Supermärkten oder Feinkostgeschäften erhältlich.

MASCARPONE
Der cremige Doppelrahm-Frischkäse enthält etwa 80 Prozent Fett i. Tr. Dadurch ist er ideal für die Zubereitung von Desserts – das berühmteste Rezept mit Mascarpone ist wohl Tiramisu.

MATCHA-TEE
Das leuchtend grüne Pulver kommt in Spitzenqualität aus Japan. Es handelt sich um die gemahlenen Blätter der Tencha-Teepflanze (Matcha heißt japanisch »gemahlener Tee«). Als Getränk blickt er auf eine lange Tradition zurück, eher neu ist sein Einsatz in Gebäck und Süßspeisen, denen er – neben der Farbe – auch ein feines Aroma nach grünem Tee verleiht.

ORANGENBLÜTENWASSER
Die aromatisierende Flüssigkeit entsteht bei der Destillation von Orangenblüten, gewissermaßen als Nebenprodukt. Sie wird in Nordaf-

rika (hier insbesondere Marokko) gerne zum Aromatisieren von Süßspeisen verwendet. Man bekommt Orangenblütenwasser im orientalischen Supermarkt, aber auch in der Apotheke, im Bioladen oder Reformhaus.

PRALINES ROUGES
Eine französische Spezialität, die man hierzulande nur online bestellen kann. Es handelt sich dabei um mit rot gefärbtem Zucker karamellisierte Mandeln, die in Frankreich gerne im Ganzen genascht oder aber für feines Backwerk verwendet werden.

QUATRE-ÉPICES
Die traditionelle Gewürzmischung – franz. für »vier Gewürze«, daher auch »Viergewürz« genannt, wird zu gleichen Teilen aus weißem Pfeffer, gemahlenem Ingwer, frisch gemahlener Muskatnuss und gemahlenen Gewürznelken hergestellt und ist essenzieller Bestandteil der französischen Küche. Sie wird gerne für Fleisch, Pasteten, Eingemachtes und Brot verwendet.

ROHRZUCKER
Im Gegensatz zu dem in Mitteleuropa überwiegend verwendeten Zucker aus Zuckerrüben wird Rohrzucker – wie der Name schon sagt – aus Zuckerrohr gewonnen. Charakteristisch ist sein Eigengeschmack nach Melasse. Da er schonend gewonnen wird, bleiben wertvolle Mineralstoffe und Spurenelemente erhalten.

TONKABOHNE
Sie ist der oval-längliche Samen der pfirsichähnlichen Frucht des Tonkabaumes, der in Südamerika beheimatet ist. Heute wird sie auch in Teilen Afrikas angebaut. Die Bohne duftet bitter-süß und üppig nach Vanille und Bittermandel. Der Geschmack der Tonkabohne ist zunächst auch leicht bitter, hinterlässt dann aber einen süß-herben Nachklang. die Tonkabohne enthält viel Kumarin und sollte daher nur in kleinen Mengen verwendet werden.

VANILLESCHOTE UND VANILLEEXTRAKT
Vanilleschoten bekommt man in unterschiedlichen Qualitäten und zu entsprechenden Preisen im Supermarkt oder Feinkostladen in Glasröhrchen. Die Schote sollte schwarz-glänzend und prall sein. Man schneidet sie längs auf und kratzt das Mark heraus. Praktisch und lange haltbar, aber nicht so fein-aromatisch ist Vanillezucker, für den Zucker mit gemahlener Vanille oder natürlichem Vanillearoma gemischt wird. Vanilleextrakt ist ein hochkonzentrierter Auszug aus der Vanilleschote, häufig wird er auch als Vanille-Essenz bezeichnet. Man sollte ihn sparsam verwenden, da er in seiner reinen Form sehr scharf schmeckt.

REZEPTE VON A–Z

P, Q

R, S

T

V, W

Z

REZEPTE NACH KAPITELN

Für die deutsche Ausgabe:
Programmleitung Monika Schlitzer
Projektbetreuung Sarah Fischer
Herstellungsleitung Dorothee Whittaker
Herstellungskoordination Katharina Dürmeier
Herstellung Sophie Schiela

Titel der französischen Originalausgabe:
Fait Maison – Tartes sucrées

Übersetzung Elke Keilhofer-Schmidt, Troisdorf
Lektorat Susanne Kraus, Oliver Maute, Kolbermoor
Gesamtproduktion mcp concept, Kolbermoor/Rosenheim

ISBN 978-3-8310-2745-3

Printed and bound by L.E.G.O Italy

Besuchen Sie uns im Internet
www.dorlingkindersley.de

Hinweis
Die Informationen und Ratschläge in diesem Buch sind von den Autoren und vom Verlag sorgfältig erwogen und geprüft, dennoch kann eine Garantie nicht übernommen werden. Eine Haftung der Autoren bzw. des Verlags und seiner Beauftragten für Personen-, Sach- und Vermögensschäden ist ausgeschlossen.